华夏文库·佛教书系

吴地梵音

苏州三寺

顾鹏程 著

大地传媒　中州古籍出版社

《华夏文库》发凡

毫无疑问，每一个时代都有属于自己时代的精神追求、文化叩问与出版理想。我们不禁要问，在 21 世纪初叶，在全球文明交融的今天，在信息文明的发轫初期，作为一个中国出版人，我们正在或者将要追求什么？我们能够成就或奉献什么？我们以何种方式参与全球化时代的文化传播进程？在一连串的追问下，于是，有了这套《华夏文库》的出版。

自信才能交融。世界各大文明在坚守自身文化个性的同时，不约而同地加快了探视其他文化精神内涵的步伐，世界不同文明正在朝着了解、交流、碰撞、借鉴与融合的方向前进。在此背景下，建立自身的文化自信，正是与世界各文明民族进行文化交流的基本要求。五千年中华文明与文化正在不断地被其他文明所发现、所挖掘、所认知，汉语言正在生长为世界语言，儒文化正在世界各地生根发芽。

借助这样一种正在成长着的文化自信、自觉、开放、亲和之力，用我们这个时代的学术眼光全面系统梳理中华五千年的文明与文化，向其他各大文明与文化圈正面展示自我，让中华优秀文化成为世界文化的重要组成部分，正是我们出版这套文库的目的之一。此其一。

知己才能知彼。身处五千年文化浸润的今天，重新思考我们先人的人生思考、价值思考与哲学思考，找到一个民族、一个国家的价值所在、立命所在、安身所在，这已经是我们这个时代的学人与出版人不得不再思考的问题。作为中华文明的一分子，我们在思考的同时，还必须了解我们的先人创造了如何优秀的精神文明与物质文明以及社会文明。只有熟知自己的文化，热爱自己的文化，悟明自己的文化，我们才能宣说自己、弘扬自己、光大自己。因此，我们策划组织这套《华夏文库》的初衷，还在于让当下的知识青年全面系统瞭望中华文明与文化的全景，并借此能够对更为深广的世界各民族文化提供一个比较认知的基础。此其二。

　　顺势才能有为。我们正处在农耕文明、工业文明、信息文明的交汇处，信息文明带领我们从读纸时代进入读屏时代，以智能手机屏幕为代表的书籍呈现方式正在与纸质书籍争夺阅读时间与空间。我们正在领悟数字技术，正在以信息文明的视角，去整理、分析和研究农耕文明与工业文明的文化遗产，不仅仅是为了唤醒优秀的传统文化，我们还在生发和原创着当今时代的文化。由此，我们试图架起一座桥梁——由纸质呈现而数字呈现，由数字呈现而纸质呈现，以多媒介的书籍呈现方式，将文字、图像、声音与视频四者结合，共同筑成《华夏文库》以奉献给信息文明时代的新读者。此其三。

　　总之，这是一套——专家大家名家写小书；以最小的阅读单元，原创撰写中华精神文化、物质文化与社会文明系列主题与专题；以图文、音视频多媒介呈现的方式，全面介绍与传播中华文明与优秀文化，系统普及与推介中华文明与文化知识；主旨是为了让世界与中国共同了解中国的——大型丛书，借此，复兴文化，唤起精神，融入世界。

耿相新
2013年6月27日

目 录

引言　梵音婉转姑苏城 …………………………………………… 1

一　苏州灵岩寺

1　灵岩秀绝冠江南
——灵岩寺概述 …………………………………… 9

2　古来兴废一愁人，白发僧归掩寺门
——灵岩寺的历史沿革 …………………………… 12

3　紫竹深处有梵宫
——灵岩寺的建筑布局 …………………………… 18

4　人文自然相益彰
——灵岩山的奇绝美景 …………………………… 28

5　青山白云话沧桑
——灵岩寺的趣事逸闻 …………………………… 37

二 西园戒幢寺

1 戒幢梵音绕繁华
——戒幢寺概述 ………………………………… 48

2 行到水穷处，坐看云起时
——戒幢寺的历史沿革 ………………………… 50

3 琳琅梵宫间，但闻钟磬音
——戒幢寺的建筑布局 ………………………… 55

4 流觞曲水古木香
——戒幢寺的西花园 …………………………… 69

5 爱河苦海度群迷
——戒幢寺的社会法务活动 …………………… 74

6 不识慈氏如来，唤作布袋和尚
——戒幢寺的高僧大德 ………………………… 77

三 苏州寒山寺

1 寒山钟声响千年
——寒山寺概述 ………………………………… 81

2 寒拾遗踪
　　——寒山寺的历史沿革 ················ 85

3 禅房花木深
　　——寒山寺的建筑格局 ················ 94

4 精时一片当时事，只欠清香不欠花
　　——有关寒山寺的传说 ················ 119

小知识目录

苏州的山 ······ 11

净土宗 ······ 11

武宗灭佛 ······ 16

丛林 ······ 16

三武灭佛 ······ 17

汉传佛教的宗派 ······ 17

禅堂与念佛堂 ······ 25

西方三圣 ······ 25

净土宗的修习方法 ······ 26

智积禅师 ······ 27

赵朴初 ······ 34

苏东坡与佛印禅师 ······ 35

弘一法师 ······ 45

《龙藏》、《碛砂》和《频伽》 ······ 45

留园 ······ 53

律宗 ······ 53

大乘与小乘 ······ 58

山门殿	58
钟鼓法器	59
四大天王	63
如来与佛	63
北方多闻天王毗沙门	66
"数罗汉"的民间习俗	66
济公与疯僧	67
莲池大师	73
《平江图》	89
梁武帝与僧侣的吃素习俗	92
梁武帝与中国佛教	92
性空法师	93
弥勒佛	101
大雄	101
鉴真六次东渡	103
玄奘与西天取经	103
百炼成钢	106
《金刚经》	107
南船北马	113
千手千眼观音	113
禅宗与法堂	113
钟与佛教	114
中轴线与古典中国建筑	114

塔与佛教 …………………………………………… 115
晨钟暮鼓 …………………………………………… 116
寒山、拾得与《忍耐歌》 ………………………… 117

引言

梵音婉转姑苏城

余秋雨有一篇散文,名叫《白发苏州》,意为古城苏州,历史久远,白发杳寂,文化底蕴可谓丰厚。苏州,北依长江,西滨太湖,风物清嘉,人文荟萃,是吴文化的发祥地。苏州又是江南水乡,其间河流星罗棋布,民风淳朴善良。

"柔婉的言语,姣好的面容,精雅的园林,幽深的街道,处处给人以感官上的宁静和慰藉。现实生活常常搅得人心志烦乱,那么,苏州无数的古迹会让你熨帖着历史情怀。有古迹必有题咏,大多是古代文人超迈的感叹,读一读,那种鸟瞰历史的达观又能把你心头的皱折慰抚得平平展展。看得多了,也便知道,这些文人大多也是到这里休憩来的。他们不想在这儿创建伟业,但在事成事败之后,却愿意到这里来走走。苏州,是中国文化宁谧的后院。"余秋雨动情地写道。

确实,苏州从历史深处走来,随便一个巷子里,随便一个朱门内,都有着悠长悠长的故事。而在苏州两千多年的历史积淀所形成的恢弘博大的吴文化宝库中,苏州佛教文化以其超凡脱俗的韵味和庄严古雅

西园寺

西园寺为戒幢律寺和西花园放生池的总称。该寺始建于元代,初名归元寺。现西园寺包括寺宇和园区

的丰姿为世人所瞩目。早在三国时期，佛教就已经传入苏州。千年时光，斗转星移，古城经历沧桑几度，保存至今的十余所古刹，历史上曾分别是禅、净、律、天台等宗派的道场。苏州自隋唐时期起已经逐渐成为江南的佛教中心，其中大小寺庙星罗棋布，经过长期的历史沉淀。看今日之苏州，宝塔古刹遍布，梵宇道宫相望，梵音袅袅，禅风蔚然，信众云集，声名遐迩。

你看那巍峨高耸的宝塔在向蓝天白云诉说，你看那庄严肃穆的古刹在向苍松翠柏低语，你看那法相各具的诸佛在向芸芸众生吟颂——苏州佛教悠久的历史、深厚的底蕴以及辉煌的明天！如今，晨钟暮鼓依旧如昔，但这方古老的佛土却日渐丰厚。历经数代沧桑，沐浴千年风雨，苏州的佛教寺院终于劫后重生，如今百废俱兴，浩浩雄姿，蔚为壮观。

灵岩寺始建于晋代，当时寺院大兴，佛法广传，陆沅舍灵岩别业为寺，初名秀峰寺，以建在山顶的馆娃遗迹名闻天下。在这之后，几经兴衰，直到20世纪30年代，在印光大师的护法下，成为享誉中外的十方专修净土道场；1980年赵朴初居士题山门匾额，名灵岩寺。从此，"梵呗断还续，慈鸟散复来"，宗风大盛，誉满海内外。寺内的多宝佛塔，七级八面，铜铃铁刹，高耸入云，翼角似飞，石雕栏杆，巍峨壮观。寺内西侧花园，有吴王馆娃宫和乾隆行宫遗址。我们抚今追昔，凭吊那逝去的千年古迹，静听那庄严的梵音，滤尽那人间的俗念……

西园戒幢律寺始建于元代，初名归元寺。崇祯八年（1635年），茂林律师来此住持，尊奉律宗，遂定名戒幢律寺。其后几经沧桑，到20世纪50年代，明开法师入主律寺，改传法制为十方丛林。戒幢律寺素以其"寺在园中，园即寺景"的独特风格为世人称道。西园戒幢律寺规模宏大，布局整饬，具有典型的江南建筑艺术特色。殿宇在东，寺园在西。大雄宝殿高大雄伟，重檐歇山，七楹南向，飞檐翘角，气度非凡；西花园里亭台楼阁，错落有致，古木参天，又有碧水荡漾，鱼鸟成群，颇有生趣。而今，戒幢律寺的管理变得更加现代化，梵音袅袅，三坛戒仪，戒子云集，声名远播。

"枫落寒山，钟闻天下"，寒山寺的成名大都是因为张继那首脍炙人口的《枫桥夜泊》。千百年来，寒山寺就是呼吸在诗的意蕴里。清代俞樾书写的张继诗碑立在寺内碑廊里，最引人注目，也是最为有名的。枫桥古诗、张继绝唱、俞樾名书，三美兼具，相得益彰。仿唐普明宝塔得以重塑，风采更胜从前，腰檐斗拱，雄大疏朗，将古代建筑艺术与现代科技完美地结合在一起，体现了中华文明的博大精深。寒山寺半夜敲钟的习俗，最早源于唐代。现在，每年的除夕听钟声活动已经吸引了海内外的无数信众，极一时之盛。

唐人常建游兴福寺，有感于这里的通幽曲径和山光潭影，忍不住吟诵出一首闻名遐迩的《题破山寺后禅院》："清晨入古寺，初日照高林。曲径通幽处，禅房花木深。山光悦鸟性，潭影空人心。万籁此俱寂，但余钟磬音。"从南齐的"大慈寺"到唐懿宗赐"兴福寺"匾额，"兴福寺"寺名一直沿用至今。千载轮回，屡经废兴。今日兴福寺，草木葱葱，泉石藏趣，叠嶂作屏，灵鸟啁啾，蕴藏着无穷情趣。

如果以创建时间先后而论，苏州寺院中当首推报恩寺。报恩寺始建于三国孙权赤乌年间（238～251年），至今已1700余年。寺内的报恩寺塔，又名北寺塔，几经罹难，几经废兴，如今的宝塔依然是八角九层，重檐复宇，栏廊萦绕，集壮阔与秀美、古朴与纤巧于一身，体量为吴中宝塔之冠。

文山寺本为南宋古寺，是苏州规模较大的一所尼众寺院。寺内建有韦驮殿、大雄宝殿、西方三圣殿、藏经楼、文山厅等，布局严整，殿宇宏伟，佛像庄严，气象万千。千年古刹圣恩寺，坐落在"远眺近观成画意，俯瞰仰视满风光"的邓尉山中，梵宇巍峨，古木参天，湖光山色，风月无边。殿宇皆顺山岩而建，层次分明，错落有致。大殿坐北朝南，居高临下，大有衔接远山、吞吐太湖之气概。

吴楚大地自古地灵人杰，名僧辈出。是这灵山秀水，哺育了芊芊佛子；是这甘泉雨露，滋润了芸芸众僧。广慧和尚19岁来吴，严持戒律，历20余年不懈，吴地宗风为之一振。不惑之年承佛意重建西园寺，数十年如一日，心体劳敝，终使江南名刹西园寺重见天日，法雨再施，佛光重耀，普照大千。印光大师被尊为净土宗十三祖，他是深受海内外信众敬仰的高僧大德。1930年闭关苏州报国寺，1937年移锡灵岩寺。他的一生弘扬净土，并留下了丰富的著述。他宣扬的佛教"积极救世"的精神，誉满东南亚，皈依弟子遍及海内外。

如果说是环境造就了人类，那么，人类造就的就是文明与艺术。苏州寺庙的佛像艺术源远流长，流派众多，历来享有盛誉。甪直保圣寺残存的九尊罗汉，相传为唐代塑圣杨惠之所作，捏土为形，丰神俊貌，再以彩绘勾画，精致古雅，神溢于态，呼之欲出。东山紫金庵的泥塑彩绘佛像，相传为南宋雕塑名手雷潮夫妇历时16年才精制而成，罗汉的表情细腻，衣褶则流转自如，塑造技艺之高令人叹绝。西园戒幢律寺的五百罗汉，各个神态迥异，构思精巧，蔚为壮观。济公、疯僧两尊立像更是别具风格，疯僧虽然形似丑陋，但心现皎洁，憨态可掬；济公表情则富于变化，拙中见智，夸张的手法堪称妙绝。大型香樟木雕千手千眼观世音金身像，是木雕像精品，构思奇巧。灵岩寺的释迦牟尼佛和弟子阿难、迦叶的雕像，亦为香樟木雕，神态庄严，其慈若喜，面如满月，动感逼人。寂鉴寺著名的石佛、石洞，均系元代制造。石雕阿弥陀佛，深沉雄壮，强健有力，是不可多得的石雕艺术精品。

中国古代僧人,有诗僧、画僧,也有乐僧。吴地佛教音乐发达,与江南民乐相互影响,相互促进。灵岩寺的"净土宗"法事音乐、梵呗,以及寒山寺独有的佛教钟声音乐,都是我国音乐宝库中的珍品。

青山记着,岩泉记着,历史流逝而去,丰碑却永世流传。苏州古刹遍地,佛教文物自然也蔚为大观。今尚完好保存的有唐代以来大量木版印经和多种写经,其中元代的《普宁藏》为国内孤本,极为珍贵。此外,用金、银、血、墨手书的多种经卷也极其珍贵。北魏以来历代用珍贵材质雕造的小型佛像和法器,如北魏铜制如来像、唐代楠木观音、元代三彩瓷观音等,瑞光塔出土的真珠舍利宝幢、虎丘云岩寺塔出土的越窑青瓷莲花碗等都是珍贵的佛教艺术品。苏州寺院现存的大量碑刻,均具有极高的史料价值和艺术价值,如隋代上方楞伽寺碑、寒山寺《金刚经》碑、虎丘明代方碑、普门禅寺碑等,寒山寺《枫桥夜泊》诗碑和兴福寺后禅院诗碑更是名闻天下。

日月抖落星辰,岁月摇落四季。悠悠1700年倏忽而逝,苏州佛教就像一枝清雅脱俗的兰花,在苏州这方沃土上生根、发芽,茁壮成长,以其弘法利生为佛教事业和古城建设作出了巨大贡献。

下面就请跟随着我的脚步,去探访苏州最著名的三所寺庙吧。灵岩寺、西园寺、寒山寺,它们正悠然地向我们诉说着历史的沧桑!

一 苏州灵岩寺

这里留下了陆沅舍业为寺的美谈，这里埋藏着馆娃宫的遗迹，这里传唱着吴王与西施的哀婉传奇，这里也飘扬着婉转的梵音。灵岩寺为净土宗道场，誉满海内外。走在这里的石径上，历史的气息扑面而来，然而吴楚的战火早已熄灭，韩世忠的冤屈早已昭雪，乾隆的遗迹已然湮灭，但是那高耸的佛塔屡废屡兴，铜铃铁刹却依旧巍峨高耸，厚重的山门屡倾屡起，石雕栏杆如今依然巍峨屹立。在灵岩寺中，我们抚今追昔，默默地凭吊那逝去千年的古迹，倾听那庄严的梵音，滤去那人世的杂念。

1. 灵岩秀绝冠江南
——灵岩寺概述

从古城苏州往西南方向走约14公里，有一座古朴的小镇，名叫木渎。木渎镇西北有一座山，山中突起一石，数十里外望去就能辨认。山中怪石嶙峋，有一块"灵芝石"十分有名，因此得名"灵岩山"。又因山石呈紫色，可以之制砚，也称"砚石山"。山南峭壁如城，相传吴王夫差曾在此处筑石头城。

灵岩山立于太湖之滨，海拔182米，虽非雄峻，但也奇秀挺拔。山上松林遍布，殿宇雄伟，怪石林立，风景秀丽。

灵岩山不仅以其秀丽的风光闻名，伴随着它的还有许多美丽的神话和传说。其中最引人入胜的要数浣纱美女西施的故事。馆娃宫、响屧廊、玩花池、吴王井、琴台、西施洞、划船坞、香水溪、采香泾等吴宫遗迹，自会把人的思绪引向古老的传说。"吴宫花草埋幽径"，当年的山水洞壑依然，"夜拥笙歌百尺台，太湖月落宴还开"的繁华梦好像刚刚逝去不久。玩花池里的荷花开得正艳，景色渐欲迷人眼；响屧廊上步履声声，娇声似乎还在耳旁回响，晓风残月似乎还在倾诉

灵岩山入口
灵岩山入口的高大牌楼是新近修建的

着2400多年前的吴越春秋。

俗语说"天下名山僧占多",此处也不例外。山上有寺,因地称名,名曰灵岩寺,向有"吴中第一峰"之称。灵岩寺又名崇报寺,该寺为中国佛教净土宗著名道场之一,在东南亚一带颇有声望,有"灵岩秀绝冠江南"之说。

小知识◎苏州的山

苏州山少,除太湖边的几座,唯城西南15公里处,有几座小山,高不过百米。其中左侧一座山叫灵岩,以山上的寺院闻名吴越;右侧一座山叫天平,凭借着秋天的红叶惊艳江南。苏州另一座比较有名的山是虎丘,此山虽高仅36米,但古树参天,周围有不少名胜。山小景多,是虎丘的一大特色。

◎净土宗

佛教宗派之一。因专修往生阿弥陀佛极乐净土的念佛法门,故名。该法门以信愿念佛为正行,净业三福、五戒、十善为辅助资粮。净土信仰是佛教的基本信仰,大乘各宗多以净土为归。佛法西来,东晋慧远大师在庐山东林寺建立莲社,提倡专修该往生净土的念佛法门,又称莲宗。唐代善导大师也是净土宗重要的倡导与推动者,被奉为净土宗第二代祖师。净土宗历代祖师并无传承法统,很多还是宗门教下的大祖师,均为后人据弘扬净土的贡献推戴而来。中国净土宗十三祖分别是:慧远、善导、承远、法照、少康、延寿、省常、袾宏、智旭、行策、实贤、际醒及印光大师。

2. 古来兴废一愁人，白发僧归掩寺门
——灵岩寺的历史沿革

灵岩寺在漫长的历史中几兴几衰，其所属佛教宗派也时有变迁。在其2000多年的历史上，儒家、道家、释家等各派的思想在这里交互碰撞，僧侣、文人、武将的命运也与这所寺庙紧密相联。

灵岩寺的历史可以追溯到春秋时期的吴越争霸。春秋后期吴越两国在夫椒一战，越国大败，越王勾践入吴充当人质，并向吴王夫差献上越中美女西施。夫差特地为她在灵岩山上建造行宫，铜勾玉栏，奢侈无比，可以称作是我国最古老的皇家园林。由于吴人称美女为"娃"，故名"馆娃宫"。这就是灵岩寺最初的面貌。

然而，公元前473年越王勾践从水路攻进吴国，大败吴王夫差，同时也把这座富丽堂皇的馆娃宫付之一炬，当年的雕栏玉栋被烧成了断壁残垣。在现在灵岩山的山顶之上，我们仍然可以寻访到馆娃宫遗址——吴王井、玩月池、琴台、砚池、西施洞等，作为那段传奇历史的见证。

灵岩山上长满了荒草，馆娃宫的断壁残垣也逐渐消失在历史的迷

雾里。直到东晋末年,时任司空的陆沅在灵岩山的吴宫遗址上修建别墅。因晋朝名士喜好风流清谈,对佛理的探究也成为时尚。陆沅奉佛闻法,并在后来舍宅为寺,这也就是灵岩寺的最初面貌。从那时到现在,1700余年已经在历史的长河里悄然逝去。

南朝梁天监二年(503年),智积法师来此讲经弘法,并于天监十五年(516年)"化身开此伽蓝",将之扩建为寺院,取名秀峰寺,佛寺的建置也更趋完善。智积菩萨因而被誉为灵岩开山祖,梁武帝赐额"智积菩萨显化道场"。秀峰寺也逐渐成为全国有名的大丛林。

唐代时,秀峰寺改称灵岩寺,信奉律宗。据史书记载,唐武宗下诏毁天下佛寺的第二年,即会昌五年(845年),灵岩寺亦被毁。到乾符五年(878年),灵岩寺开始复苏。

北宋元丰年间,郡守把灵岩寺辟为禅院,改律宗为禅宗,寺庙也改名为"秀峰禅院"。圆照禅师(1015~1099年)晚年来此住持,灵岩寺得以扩展,修建殿阁屋宇达30年,可见规模之宏大。然而到了南宋时,灵岩寺又一度被荒废。

南宋初赐抗金名将韩世忠荐先亲,名"显亲崇报禅院",由佛海法师住持。高宗绍兴二十一年(1151年),韩世忠葬在灵岩山西南麓;后宋孝宗追封他为"蕲王",并赐秀峰寺为"显宗崇报禅寺"。

元时,由于蒙古族信仰佛教,寺院才免受战火损害,得以完好保存。明洪武年间赐额"报国永祚禅寺",永乐十年(1412年)重修。明孝宗弘治年间(1488~1505年)一场大火,寺院全毁,仅存一塔。至清代顺治六年(1649年),三峰弟子弘储来寺扩建,称为"崇报禅寺"。康熙十四年(1675年)布政使慕天颜重建大殿。咸丰十年(1860年)整座寺院又毁,仅存宝塔,念诚大师苦守宝塔中。时值儒将彭玉麟游山,同大师相遇,言谈相投,于是彭玉麟为山寺调查田地,并盖

10余间小屋,鼎革时又复狼藉,什物田地多遗失。宣统年间(1909~1911年)一度寺院无主,诸物不存。宣统三年(1911年)木渎护法请真达为住持,当时灵岩寺仅存旧屋10余间。

至民国15年(1926年),真达和尚预见时机成熟,于是请印光法师把灵岩寺开辟为十方净土道场,由禅宗改为净土宗,名为"崇报寺"。1932年,近代高僧印兴未能师将其改为"灵岩寺",订立寺规五条,灵岩寺也从此得到了大规模发展。灵岩净土宗风为之一振,也从此声名远播海外。卓绝一代的名僧大德与妙相庄严的宝刹交相辉映,使灵岩寺成了江南最著名的净土道场。

百废待兴中的灵岩寺
几经乱世,灵岩寺也遭受了极大的破坏

灵岩寺兴衰更替如此频繁，又如此不可避免，以致清释殊致《叙诸圣师传说》中道，灵岩寺佛宇"越唐、宋、元、明、清以迄于兹，时或辉煌金碧，俄而蔓草荒烟，迭著迭微，随倒随起"。这无疑是一个十分冷静、十分客观、又十分具有远见的历史评述。

1949年后，政府认真执行党的宗教信仰自由政策，对灵岩寺加以保护。僧众净业和农业生产，并行不懈。但是在"文革"十年浩劫中，灵岩寺首当其冲，大量的佛像、经书及印光塔院都遭到焚毁，僧众也被驱逐，念佛堂甚至被改为阶级斗争收租院展厅。灵岩寺的衰败与惨淡一直持续到70年代末。

中共十一届三中全会召开后，灵岩寺又迎来了复苏和繁盛的时期。1984年元旦，灵岩寺经政府批准恢复开放为宗教活动场所，下放的和在天平果园劳动的僧众陆续回到寺庙，殿堂佛像也陆续得到修复。寺内僧众上下齐心，重振寺庙雄风，庄严净土道场。

近些年来，灵岩寺自筹资金近千万元，先后重建了智积殿、天王殿、大雄宝殿、藏经楼、钟楼、多宝佛塔等建筑，重塑了天王殿、大雄宝殿的佛像。重修后的灵岩寺，殿宇壮观，宝相庄严，僧众云集。1981年12月，全寺僧众恭请明崇法师为灵岩寺住持。1983年9月1日，灵岩寺举行印光法师舍利入塔仪式。全寺现有僧人150余名，是苏州市寺庙中和尚最多的一个。

小知识◎武宗灭佛

唐武宗会昌年间，佛教和寺庙在全国范围内遭到了毁灭性的打击。中央皇帝与地方大臣联合限制并剿杀佛教，从程度和范围上比历史上其他任何一次对佛教的打击都要大。唐武宗下令，除长安、洛阳等保留规定的少数佛寺外，其余寺院一律拆毁。这次"会昌法难"共计拆毁大中型寺院4600所，小庙宇4万所；26万多僧尼被迫还俗，寺院所附居士、执事15万人被解散，数千万顷教田被没收。

◎丛林

梵名Vindhyavana，僧侣聚集、修道之处，亦通常指禅宗寺院而言，故亦称禅林，但后世教、律等各宗寺院也有仿照禅林制度而称丛林的。中国禅宗从曹溪、慧能后，传至于怀海，百余年间禅宗只以道相授受，多岩居穴处，或寄住律宗寺院。到了唐贞元、元和年间（785～820年），禅宗日盛，宗徒常聚众于一处，修禅办道。江西奉新百丈山怀海以禅众聚处，尊卑不分，于说法住持，未合规制，于是折中大、小乘经律，创意另立禅居，此即丛林之始。丛林的意义，旧说是取喻草木之不乱生乱长，表示其中有规矩法度云。

◎ 三武灭佛

佛教自汉明帝传入中土以来，曾几度辉煌。佛教最兴盛的时候是在南北朝时期和中唐、晚唐时期。盛极必反，宗教也一样，历史上曾发生过多次反佛运动，其中有三次规模较大，而发起这场运动的皇帝的谥号或庙号里都有个武字，所以就称为"三武灭佛"。"三武灭佛"又称"三武之祸"，是北魏太武帝灭佛、北周武帝灭佛、唐武宗灭佛这三次事件的合称。若加上后周世宗时的灭佛则合称为"三武一宗"。

◎ 汉传佛教的宗派

大乘佛教传入中国以后，在我国汉地有所发展，与中国传统文化相结合，形成许多有中国特色的宗派，主要的有八大宗派，如下：

天台宗，因创始人智𫖮常住浙江天台山而得名。三论宗，隋吉藏创立，诸法性空的中道实相论，为此宗的中心理论。法相宗，因剖析一切事物（法）的相对真实（相）和绝对真实（性）而得名，又称唯识宗。律宗，因着重研习及传持戒律而得名。净土宗，因专修往生阿弥陀佛净土法门，故名。禅宗，主张修习禅定，故名，又因以参究的方法，彻见心性的本源为主旨，亦称佛心宗。华严宗，因以《华严经》为根本典籍，故名。密宗，亦称密教、秘密教、瑜伽密教、金刚乘、真言乘等。其中，对中国文化思想和知识分子影响最大的是禅宗，在民间拥有最多信众的是净土宗。

3. 紫竹深处有梵宫
——灵岩寺的建筑布局

灵岩寺建筑规模宏伟，风格古朴典雅，布局整齐，大雄宝殿等主要建筑基本都建在一条中轴线上，客堂等附属建筑则置于横轴线上，整体再以回廊贯道，组成一个群体。亭台楼阁，山水花木，交相辉映，虚实相间，错落有方，显示了江南丛林古刹的独有特色。

灵岩寺建在灵岩山山顶，高耸入云，巍峨壮观，寺门前古木参天，门额上"灵岩山寺"四个字为中国佛教协会前会长赵朴初先生题写。灵岩寺为典型的中国佛教净土道场之一。现存的寺院规模宏大，殿阁巍峨，有弥勒楼阁、大雄殿、多宝塔、藏经楼、香光厅、钟楼等建筑。但灵岩寺也有自己的特色，比如界清桥、多宝佛塔和西花园等。下面请跟随着我的脚步，一起走进这座千年古寺，一步步探寻它美妙的建筑布局和背后悠长悠长的故事。

灵岩寺的正殿

灵岩寺寺门前松柏参天,院内曲径通幽。一进灵岩寺山门,就是弥勒楼阁,正中供奉天冠弥勒,后为持杵坐像韦驮,与其他寺院的站像韦驮有所不同。两旁为彩塑四大天王像,均高 4.5 米。

出天王殿,再进为前院,院中有池名"砚池",池上有桥名"界清桥",据说大雨之后,桥东之水清澈见底,桥西之水浑浊不堪,泾清渭浊,以桥为界,故有是名。在佛家眼里,清浊分明,善恶有别,这可能也时时警戒着寺里的僧众和信男善女,需时时为善,多积善福。

跨过界清桥,迎面看到的便是大雄宝殿了。殿高 25 米,宽 20 米,现存的建筑建于 1934 年。殿内正中供奉着释迦牟尼佛,佛像高达 6 米,两旁则站立着佛陀两大弟子,迦叶和阿难。这两尊雕塑也以香樟木雕刻而成,神态慈祥端庄。大殿两侧立着十六罗汉像,造型典雅,望之令人肃然起敬。大雄宝殿的后壁供奉文殊、普贤二大菩萨,坐骑青狮、白象。大壁后是海岛观音塑像,善财、龙女侍立两侧。

大雄宝殿后是念佛堂,是僧人念佛修持的场所。现在的这座念佛堂建于 1933 年,是印光禅师担任住持时,用广为化缘的资金建造。念佛堂异常宽敞,足可容纳上百人同时做功课。印光制定详细规则,管理念佛堂的营运,同时也为其他部门制定新规。正门悬挂着印光法师手书"净土道场"四字。堂内供奉弥陀、观音、势至西方三圣像。这也是灵岩寺的一大特色,因为一般的念佛堂供奉的是阿弥陀佛。

楼上藏经阁珍藏着清刻《龙藏》7000 多册,影印宋《碛砂》、《频伽》等藏经和历代佛教文物,共有佛经 4.7 万多册,大都具有极高的文化和艺术价值。

过了藏经楼,看到的就是钟楼。现存的钟楼建于 1919 年,高

藏经阁
藏经阁是寺庙收藏典籍的场所

15.13米,楼上悬挂着清康熙六年(1667年)铸造的大铜钟,敲钟之时,声闻数里,落霞孤鹜,美不胜收,"灵岩晚钟"曾被列为苏州十景之一。楼下为千佛殿。宝塔与钟楼之间是1984年新建的智积殿。智积本是西域梵僧,南朝时来灵岩山弘传佛教,因而被尊为灵岩山的开山祖师,梁武帝赐额"智积菩萨显化道场"。智积殿正中供奉智积菩萨画像,两旁陈列着佛教文物。

再接着就是千佛殿了。灵岩寺的千佛殿虽然规模不大,但是造型别致,古朴优雅,别具风味。禅味浓浓,梵音悠扬。再往里走就是香光厅和香严厅了,这些建筑虽然年代并不久远,但终年在香烟的熏染下,也都泛着佛家的庄重气息。

灵岩塔（远景）
灵岩塔是灵岩寺的标志性建筑，屡毁屡建

东院——塔院（灵岩塔，又称多宝佛塔）

　　位于大殿东侧的灵岩塔是寺内最有特色的古建筑。灵岩塔又名永祚塔，为七级八面的楼阁式砖塔，高34米，挺拔耸立。灵岩塔是实心塔，塔壁镶嵌着多处宋代铭文砖。每层四面辟门，其他四面设佛龛，逐层交错。塔为砖身木檐楼阁式，原底层绕有外廊，不过现仅存柱础和台座，塔上原有的佛像也已多数失落。门位上下各层相闪，壁面设柱枋、斗拱，绕有腰檐架平座，现只能见其带焦迹的部分残体木骨，塔顶早已废弃。

塔内原为八边形，内室经后期改造为圆形，昂首即可直观塔顶。

灵岩塔始建于梁天监二年（503 年），历代屡遭火灾毁圮。南宋绍兴十七年（1147 年）重建，塔内空心，塔身全用砖砌，每层窗口各有石佛，因而又称多宝塔。明天启年间遭雷火毁其所有木构部分，成了一座砖壁套筒，从此人们即称塔为"空心塔"。明万历二十八年(1600 年)塔遭雷击，各层木结构腰檐及塔刹被焚毁，仅余砖塔塔身。清乾隆十五年（1750 年）灵岩塔得以重建，我们现在看到的灵岩塔的主体建筑即为乾隆年间所建。

1977 年灵岩寺对塔进行了一次大修，并将民国时筹划修塔而备用的石佛，填补进各空缺的佛龛内。在塔内四层壁体内发现八面藏有函的暗室，其内物件已腐朽难认。在清乾隆十五年（1750 年）修塔记载中，曾提及将明万历时所藏之函按原样藏于四层暗室内，还记载了重建年代，由此证实该塔确是南宋遗构。

到了 1989 年 9 月，灵岩寺又筹集了 80 多万元资金，对多宝佛塔进行了全面修复，并参照宋代的佛塔营造之法，恢复了塔刹、塔基、平台和塔檐，也恢复了宋塔原貌，使灵岩寺更为壮观。游人可拾级登塔，极目远眺姑苏景色。塔南有钟楼，挺拔秀丽的多宝塔与飞檐凌空的钟楼遥相呼应，成为灵岩山的标志。前文提到的智积殿就处于宝塔与钟楼之间。

尽日伤心人不见，石榴花发旧琴台
——"吴中胜迹"之西院

灵岩寺的右侧，穿过一个圆形拱门和长廊，就是山顶花园了。这座花园相传是春秋时吴宫遗址，繁华事歇，旧迹尚存。游历地处王宫后苑的佛门清净之地，自是别有一番风韵。如今耳际频传的是佛声梵音，脚下所及的曾是那舞榭歌台。有诗赞曰："天若有情天亦老，人间正道是沧桑。"又云："千载多少兴亡事，只有江山如旧时！"

西花园门前上有明代王鏊题写的"吴中胜迹"四个字的匾额。井边有玩花池和玩月池，大的称玩花池，虽只三四丈见方，却是吴王夫差专为西施开凿，种上荷花供西施赏花用的。西施又称越女，喜好莲花。遥想当年西施曾在此观花赏月，采莲为乐。玩花池也被称作浣花池，相传西施于此泛舟采莲，轻歌曼舞，碧水荡漾，别具风韵。

池西有石城，即山巅围墙，相传为夫差的父亲吴王阖闾所筑，以石块砌成冰纹形。池北有两口井，圆的叫"吴王井"，也是吴宫遗迹，传说西施常在此对井梳洗，以水为镜，插花理妆；八角形的叫"智积井"，因梁代智积和尚修浚而得名。据说早年井中泉水甘洌，煮茗甚佳。现在因为年久失修，长满了青苔。也有人把这两口井称为日井和月井，

玩花池
玩花池也被称作浣花池，传说西施曾在此采莲

其为名的缘由已经不可考了。明代曾淘过一次井，从井中发掘出金钗一支，金钗镌有"敕"字，可见是宫中的御用之物。

花园北侧砌有假山，上有"长寿亭"，传为西施梳妆抚琴的地方。假山环绕着"玩月池"，传说因西施惯于照水观景，而懒于仰首望月，吴王便命人开了玩月池，让月亮倒映水中。西施常在月明之夜，与吴王并肩赏月。

穿过山顶花园，向西不远，即可攀上全山的最高处，那里有一座名为"琴台"的台基，相传为西施操琴之所。石上刻有"琴台"二字，台下则有"吴中胜迹"石刻，均为明代大学士王鏊手书。这里是灵岩山绝顶，因而景致佳绝，"下瞰太湖及洞庭西山，滴翠丛碧，如在白银世界中"，水阔山远，风景秀丽，游人驻足。

除此还有"披月台"、"望月台"、"佛日岩"、"献花岩"名山胜寺，也有名人题咏。

琴台下，东至灵岩塔间，相传是吴王为西施所建响屧廊的旧址，不过如今已经难觅踪影。吴王建造这条著名的走廊时，故意把地下挖空，排放着一只只的大缸，再铺上硬梓木板，让西施穿鎏鞋（类似今天的木屐）在上面跳舞，"响屧廊中金玉步"，脚步声就会在缸中引起共鸣，发出"跫跫、跫跫"的声音，宛如木琴般的乐音，犹如天籁一般，"响屧廊"也因此而得名。唐代诗人白居易在苏州任太守时，曾游览灵岩山，感慨地作诗曰："娃宫屧廊寻已倾，砚池香径又欲平。二三月时何草绿，几百年来空月明……"清人蒋士铨更有《响屧廊》诗讥讽夫差："不重雄封重艳情，遗踪犹自慕倾城。怜伊几两平生屐，踏碎山河是此声。"清代还有一首《吴宫词》深为感叹："屧廊移得苎萝春，沉醉君王夜宴频。台畔卧薪台上舞，可怜同是不眠人。"

锦绣江南，琴台上遗韵悠悠，和着龙吟剑啸，如歌如泣，似在倾诉着天地英雄气、人间缠绵意。黄钟大吕，急管繁弦，天地间演绎着那永远演不完的风流慷慨故事。关于灵岩山，唐代诗人刘禹锡有诗二首："宫馆贮娇娃，当时意大夸。艳倾吴国尽，笑入楚王家。""月殿移椒壁，天花代舜华。唯余采香径，一带绕山斜。"皮日休则有"半夜娃宫作战场，血腥犹杂宴时香。西施不及烧残蜡，犹为君王泣数行"之说，而清代大学士刘墉题吴县灵岩山，曰："香水濯云根，奇石惯延携砚客；西廊重月地，幽香曾照浣纱人。"众说纷纭，可谓"仁者见仁，智者见智"了。

小知识◎禅堂与念佛堂

  禅堂与念佛堂之间有诸多歧异。最主要的差异在于一者试图借一己之力（自力）获得开悟，一者则谦虚地臣服于外在更大的力量（他力）即阿弥陀佛的慈悲下。前者使人变得严厉，后者使人趋于平和。灵岩寺念佛堂远比金山禅堂更为宽容、温和。

◎西方三圣

  西方极乐世界的三位菩萨，分别是教主阿弥陀佛和他的左右胁侍，左胁侍为观世音菩萨，右胁侍为大势至菩萨，也被称为"阿弥陀三尊"。西方三圣的塑像中，阿弥陀佛一般结手印或捧一莲盏接引其凡夫之心，而观世音菩萨和大势至菩萨则分别手执杨枝净瓶和长柄莲花。

西方三圣法像
"西方三圣"是佛教宣称的西方极乐世界的三位尊神,由主尊阿弥陀佛与其两位胁侍观世音菩萨和大势至菩萨组成

◎净土宗的修习方法

要了解净土宗的修行生活,苏州城外的灵岩寺是必到之地。灵岩寺的念佛堂是僧侣日常功课的场所,也是净土宗的修行生活的主要地点。了解念佛堂与禅堂各项规矩的不同,也可以从中知晓净土宗和禅宗的差别。

念佛堂不设广单,参加者睡在两间毗邻相接的宿舍里,不需从早到晚闭居在四壁之内。桩凳不仅沿着墙壁排列,堂中佛龛背后也排了一列。这是为印光所要吸收的居士摆置的。念佛堂西序的席次与金山相同:班首坐在门边,其次是书记,然后是阶位较低的和尚。禅堂里,方丈坐在后面;在念佛堂里,他坐在班首之上、大门的左边。大门右边坐着当值的和尚，发讯号时，他所敲的是木鱼，而不是板与钟。堂内没有悬在钟下的木板——禅的标志，除此以外，茶桌面及其上方的摆设与禅堂一般。茶桌旁是维那及四位悦众的座位，接着是清众。与禅堂类似，念佛堂内也有位驱除瞌睡的巡逻员，但他所拿的不是香板，而是一条二三尺长的绢布（幡）。当有人开始点头时，巡逻者就用幡条轻拂这人的脸，因此他被称作巡幡。默念佛号时，他规律地在堂内巡行。

灵岩寺的念佛堂与一般念佛堂不同。大多数的念佛堂规模较小，经营方式似乎也较简单。它们通常由堂主或管堂管理，香灯担任助理。清众在堂内只依资历，不按等级地位入座。参加方式较不正式，在一些地方，参加者可自由来去。平常一天念三节，旧历年可能有一期佛七。就像中国各地的禅寺以金山寺为典范，念佛的寺院以灵岩寺为楷模。

◎智积禅师

智积是西域梵僧，南朝时来灵岩山弘传佛教，被尊为开山祖师，梁武帝赐额"智积菩萨显化道场"。智积殿正中供奉智积菩萨画像，两旁陈列着佛教文物。

智积菩萨
其左手握拳置于腰际，右手屈臂持莲花，置于胸前，上有花云。在供养会中，此菩萨屈左右两臂，置于胸前，两手执莲花，其上亦有花云

4. 人文自然相益彰
——灵岩山的奇绝美景

除却灵岩寺的主体建筑,沿着灵岩山往上攀爬,一路美景荟萃,令人目不暇接。从山脚下沿着曲曲折折的官道向上攀爬,空气清新,幽雅寂静。上山的道路非常平坦,据说还是当年乾隆来此时所修的官道。这就是所谓的灵岩山南麓之登山"御道"。道宽约2米,依着山势,时陡时缓,蜿蜒而上。路面用砖块侧竖而铺,排成"人"字形。路两侧均用花岗石条镶接铺嵌,石条外侧等距铺嵌凿洞的石块,以供内插木杆,张挂布篷。因为皇帝是"天之骄子",上山坐轿也得上不见天,下不着地,凌驾万人之上。

继庐亭

沿登山御道拾级而上,山光野景一路相迎。首先来到继庐亭,亭名得自灵岩山的住持别号继庐、一代名僧印光大师。亭柱上有两副对联,一副是民初叶恭绰所书"大路一条,到此齐心向上;好山四面,归来另眼相看",一语双关,好似鼓动人们奋力攀登,又似劝诫人们虔心志佛;另一副是彭飞健题:"平地上灵崖,过此关头,自有天梯登绝顶;劳尘修净土,认清蹉路,岂无宝筏渡迷津。"

迎笑亭

再往上走就是迎笑亭,始建于宋代,相传苏东坡曾在此笑迎释友佛印禅师,亭上有对联一副:"松似高贤迎客笑,山径兴复满亭春。"苏东坡与佛印禅师可谓至交,两人留下了许多有名的故事与传说。

落红亭

路至半山,即到落红亭。落红亭向来是观赏日落霞飞之佳处。灵岩也有"象山"之称,旧有"象王回顾落花红"之句。"满目青山夕照明"的境界勾起"夕阳无限好"的遐思。眼前落霞点点,浑函苍茫,

落红亭
落红亭一直被称为"灵岩最奇处"

耳际松涛梵音，心醉神驰。细观亭上楹联"观大海者难为水，悟自心时不见山"，更觉尘心如洗，一派祥和。

落红亭正中墙上，有赵朴初的一首诗，佛门中人难免吁嘘感叹："欣随谢公履，重上吴王台。湖山观意态，林木感兴衰。梵呗断还续，慈鸟散复来，柳条见春色，画境逐云开。"

观音洞

落红亭西，可见连绵数十丈矗立的石壁，被称为"灵岩最奇处"。石壁上有一个石洞，相传吴王夫差曾拘勾践、范蠡于此，因而又名勾践洞、范蠡洞，又传西施进宫前曾在此等候吴王的召见，因名西施洞。孤陋石室，却因为一段吴越春秋的故事留住了多少游人的脚步，递延千古的感慨正未有尽头。

观音洞前的紫竹林

后人在洞前建屋，洞内镌刻观音像，洞外种有紫竹，仿佛南海紫竹林，所以又名"观音洞"，观音洞香火颇旺，与紫竹成林不无干系。

百步阶

从落红亭左折而上约300余步，原来十分陡峻，俗名"鸟道"，有石凳百级，故又名"百步阶"。乾隆二十一年（1756年），因乾隆皇帝要登临灵岩山，因而建造游山御道，才使得这段山路变得平坦。山势陡峻，而林森草茂。道旁有一方形砖砌之台，为梁代灵岩山开山和尚智积的衣钵塔，塔南有一巨石，形似乌龟，这就是后面要提到的奇石。

十八奇石

灵岩山以灵岩奇石得名。山体由坚硬的花岗岩组成，经长期风化侵蚀，巨岩嵯峨，怪石嶙峋，物象宛然，旧有"十八奇石"之称。如果仔细察看，灵芝石、石马、石鼓、石龟、石射堋、披云台、醉僧石、望月台、牛眠石、槎头石、佛日岩、石幢、石城、献花岩、袈裟石、猫儿石、出洞龙、升罗石，至今仍能历数种种。有昂首攀游状的石蛇，

灵岩奇石
造型独特，浑然天成

敲打有声的石鼓，状若发团的石髻，"乌龟望太湖"的石鼋，两耳直竖的石兔；有形影不离的鸳鸯石，埋头藏泥的牛背石，千年不老的灵芝石，俯首饮水的双牛石，状若仙人的和合石，形如蒲鞋的草鞋石，俗称"痴汉等老婆"的醉僧石，以及飞鸽石、蛤蟆石、袈裟石、楂头石、猫儿石、升罗石等，形态毕肖，似有灵性，"灵岩"之名遂家喻户晓。

在十八奇石中最有名的是落红亭旁边的"乌龟望太湖"的石鼋。此石形似乌龟，昂首面向太湖，故有"乌龟望太湖"之说。石背镌有"望佛来"三字，表达的是神龟朝佛的殷切心情。这块石头可以说是整座山的点睛之作，相传春秋时期西施被越王勾践献给吴王后，深得吴王欢心。于是就在山上为她修建规模宏大的馆娃宫，这些遗址也就留下了许多的传说。乌龟石上有"脚印"，是因为西施常站在上面眺望故乡，日积月累，所以留下了深深的脚印。不过也有传说这足迹是吴王夫差射箭时踩踏过猛所致。对着乌龟头在山下有一箭河直指太湖，一箭河又叫采香泾，专为西施去香山采种香花之用。

采香泾

灵岩山麓，有一条小溪缓缓地向着西南方向静静流淌。这条小溪是直通太湖的，有一个高雅的名字叫采香泾。《吴郡志》称："采香泾在香山之南，小溪也。吴王种香花于香山，使宫女泛舟于溪以采之。"当然，这条小溪也自然与西施的故事及传说紧密相联。西施又称"浣纱女"，生性喜水。吴王夫差为了博美人一笑，也为西施及宫女便于去香山中集香花草，因而人工开凿了这条小溪，也就有了这个美妙高雅的名字——采香泾。传说这条小溪是依据吴王一箭所射的方向开凿，故又名"一箭河"。

青山有幸埋忠骨——灵岩山的古墓

灵岩山上除了美丽的自然景观外,还有几处很有名的古墓,可谓"青山有幸埋忠骨"。其中最著名的当属抗金名将韩世忠和清朝诗人张永夫的陵墓了。

灵岩山南麓有南宋抗金名将韩世忠与夫人梁红玉的合葬墓,墓占地约4亩,墓前神道宽约3米,长250米,四周有石罗城。相传岳飞被害后,韩世忠斥秦桧:"'莫须有'三字何以服天下?"因此被革去兵权。南宋绍兴二十一年(1151年),韩世忠逝世于杭州寓所,时年63岁。十多年后,宋孝宗追封他为蕲王,划灵岩山为赐山,亲自为他

苏州灵岩山佛塔
古墓与佛塔,也是灵岩山一道独特的风景线

书墓碑，撰写碑文，此碑至今尚巍然矗立，为碑刻中的巨制珍品。

这块高达10米的巨型墓碑，由宋孝宗亲书题名"中兴佐命定国元勋之碑"，碑文为当朝宰相赵雄撰写，周必大书丹，洋洋洒洒，称颂着南宋蕲王韩世忠的不世之功。全文长达13000余字，石碑之大，碑文之长，号称"古今天下第一碑"。清代禁烟英雄林则徐在拜谒吴县韩世忠祠时曾题词："祠庙肃沧浪，更寻来一万字穹碑，新焕岩前榱栋；威名镇吴越，还认取七百年华表，遥传江上旌旗。"借巨碑由衷表达了对韩世忠的钦佩和敬仰。

另有一个古墓是清朝诗人张永夫之墓，关于陵墓主人的传说也充满了神秘色彩。其墓碑与众不同，曰"再来人之墓"。张永夫，名锡祚，生于康熙十一年（1672年），卒于雍正二年（1724年），与盛锦、黄子云、沈盘同称"灵岩四诗人"。他一生困顿，但拒不受清官府所赠财物，饿穷至死。相传其死后十余年，又来寻生前旧友，出金百两，还清旧日所欠乃去。这就是稀奇古怪的"再来人"之碑的来历。

小知识◎赵朴初

中国卓越的佛教领袖、杰出的书法家赵朴初居士是著名的社会活动家，伟大的爱国主义者。曾任中国佛教协会会长、中国佛学院院长。

◎苏东坡与佛印禅师

苏东坡一生与佛结缘，与许多释家高僧颇有交往。其中

赵朴初像
宗教界民主人士代表赵朴初（佛教）。摄于1949年9月中国人民政治协商会议第一届全体会议期间

他与佛印禅师的友谊更是为人乐道，许多趣事逸闻也被后世传颂。佛印是当时金山寺的名僧，名了元，字觉老，三岁能诵《论语》，五岁能诵诗三千首，被称为"神童"。佛印与苏东坡有许多有趣的故事：

佛与牛粪　传说有一次苏东坡拜访高僧佛印，两个人正谈得兴起，苏东坡突然披上佛印的袈裟问："你看我像什么？"

佛印答："像佛。"然后问苏东坡："你看老朽像什么？"苏东坡正得意忘形，便大笑着说："我看你像一摊牛粪！"佛印笑了笑不再言语。事后，苏东坡在得意之余，将此事告诉了苏小妹。不料苏小妹却兜头给他泼了一瓢冷水，"这下你可输惨了。"苏小妹说。苏东坡不解，问："此话怎讲？"苏小妹答："心中有何事物就看到何事物，佛印心中有佛，所以看你就是佛，而你心中有污秽之物，你看到的自然就是牛粪。"

"尸骨"未寒　一天，苏轼和佛印乘船游览瘦西湖，佛印大师突然拿出一把题有东坡居士诗词的扇子，扔到河里，并大声道:"水流东坡诗(尸)!"当时苏轼愣了一下,但很快笑指着河岸上正在啃骨头的狗,吟道:"狗啃河上(和尚)骨!"

东坡吃草 闲来无事,苏轼去金山寺拜访佛印大师,没料到大师不在,一个小沙弥来开门。苏轼傲声道:"秃驴何在?!"小沙弥淡定地一指远方,答道:"东坡吃草!"

其人之计 苏轼挚友佛印虽是出家人,却顿顿不避酒肉。这日,佛印煎了鱼下酒,正巧苏轼登门来访。佛印急忙把鱼藏在大磬(木鱼)之下。苏轼早已闻到鱼香,进门不见,想起当日遭黄庭坚诈戏,心里一转,计上心来,故意说道:"今日来向大师请教,'向阳门第春常在'的下句是什么?"佛印对老友念出人所共知的旧句深感诧异,顺口说出下句:"积善人家庆有余。"苏轼抚掌大笑:"既然磬(庆)里有鱼(余),那就积点善,拿来共享吧。"

5. 青山白云话沧桑
——灵岩寺的趣事逸闻

灵岩山风景秀丽，钟灵毓秀，天地精英留下了无数的传奇和故事。灵岩山上的馆娃宫，飘忽过绝代佳人西施的倩影，也有过梁红玉、韩世忠的铮铮铁骨。苏州人更是睿智过人，明白事理，他们同情西施这样的弱女子，他们也钦佩梁红玉这样的巾帼英雄，决不因为她出身青楼而略加轻觑。因为他们知道，不畏强暴，敢于抗争，才是中华民族万难不劫的根本；一往无前，万难不屈，才是中华民族的脊梁。"青山有幸埋忠骨"，灵岩山下的丰碑与日月同辉，人们心中的丰碑更是顶天立地，高大无比。

同时，灵岩山岩壑奇秀，林木苍翠。历代名人李白、白居易、范仲淹、高启、文徵明、唐寅等及康熙、乾隆两帝都曾到此游览探胜，留下了许多的趣事逸闻。

姑苏台上乌栖时,吴王宫里醉西施
——西施与灵岩寺

题苏州灵岩寺
张祜
碧海西陵岸,吴王此盛时。
山行今佛寺,水见旧宫池。
亡国人遗恨,空门事少悲。
聊当值僧语,尽日把松枝。

西施是中国古代的四大美女之一,有闭月羞花、沉鱼落雁之貌,落落其表,而千媚百娇、温柔婉转、兰心蕙口是其质,但西施毕竟是一个"自古红颜多薄命"的弱女子,虽然她为国家作出了极大的牺牲,但最终落得个身沉太湖的悲惨结局(也有传说她和范蠡最后泛舟五湖)。苏州人是厚道的,他们没有把吴国的灭亡归罪于西施的"红颜误国",那份同情、那份哀怜自在不言之中。

公元前494年,春秋吴越夫椒一战,越国大败,越王勾践和大夫范蠡被押为人质,拘住在灵岩山腰的石室之中。战争的硝烟刚刚散去不久,西施便楚楚动人地来到吴国。尽管吴国美女如云,尽管吴国的后宫佳丽三千,但西施这位来自山明水秀浣纱溪畔的漂亮女子,还是使夫差心旌摇动。为了呵护这枝不平凡的花卉,夫差确实费了一番苦心,先送西施于伴奴湾暂住,再为她在灵岩山上建了一座离宫——馆娃宫,吴人称美女为娃,吴王金屋藏娇的地方自然就叫做"馆娃宫"。馆娃宫"铜勾玉栏,饰以珠玉",十分奢华。在苏州当刺史的白居易

吴王夫差
春秋战国时吴国国君,吴王阖闾之子,公元前495～前473年在位

越王勾践
春秋末期越国的君主,越王允常之子,公元前497～前465年在位

曾在《忆江南》中写道:"江南忆,其次忆吴宫;吴酒一杯春竹叶,吴娃双舞醉芙蓉。早晚得相逢!"

为了讨好吴王,更为了消耗吴国的国力,越王勾践进贡建造宫室的神木,筑高台于姑苏山,名曰"姑苏台"。"三年聚材,五年乃成。"据说为了运输和堆积木材,山下的沟渎完全堵塞,谓之"木塞于渎",山下的古镇也因此而得名木渎。姑苏台高1000米,宽280米,夫差经常呆在这里,陪着西施游山玩水,寻欢作乐。李白在《乌栖曲》里吟咏道:

> 姑苏台上乌栖时,吴王宫里醉西施。
> 吴歌楚舞欢未毕,青山欲衔半边日。
> 银箭金壶漏水多,起看秋月坠江波。
> 东方渐高奈乐何。

战胜了越国、报了父仇的夫差志满意得，亡了国的勾践却难忘国耻家仇。但"人在屋檐下，哪能不低头"，勾践一方面搜罗美女珠宝充陈吴王后宫，进贡黄金宝马贿赂权臣伯嚭，离间吴王和伍子胥的君臣关系；另一方面卑躬屈膝，伪装恭顺，扫地喂马，扶车推辇，甚至不惜尝粪证病，骗取了吴王的信任。三年以后，勾践被允许回国。归国后的勾践加快了复国的步伐，对外继续卑怯称臣以麻痹吴王，暗地里却卧薪尝胆，依靠范蠡、文种，十年生聚，十年教养，发愤图强，终于在十年后卷土重来。公元前473年，越王勾践从水路攻进吴国，把这富丽堂皇的馆娃宫付之一炬，留下了令人感慨的断壁残垣。蒲松龄曾经感叹道："苦心人，天不负，卧薪尝胆，三千越甲可吞吴。"明代才子高启在《题馆娃宫诗》中感慨云："馆娃宫中馆娃阁，画栋侵云峰顶开。犹恨当年高未极，不能望见越兵来。"

当年的繁荣与富贵，当年的笙歌与曼舞，如今都化作了夕阳下的一抹安静的尘埃。"旧苑荒台杨柳新，菱歌清唱不胜春。只今惟有西江月，曾照吴王宫里人。"（李白：《苏台览古》）

高僧大德印光法师

灵岩寺虽然立寺已久，但其作为净土宗的祖庭在海内外名声显著却是近百年来的事情。在这其中最著名的当属印光禅师了。

印光法师（1861～1940年），即释印光，法名圣量，字印光，自称常惭愧僧，又因仰慕佛教净土宗开山祖师——当年在庐山修行的慧远大师，故又号继庐行者。大师俗姓赵，名丹桂，字绍伊，号子任，陕西邰阳（今陕西合阳）孟庄乡赤城东村人。大师振兴佛教尤其是净土宗，居功至伟，是对中国近代佛教影响最深远的人物之一。大师在佛教徒中威望极高，与近代高僧虚云、太虚、谛闲等大师均为好友，弘一大师更是拜其为师，其在当代净土宗信众中的地位至今无人能及。圆寂后被尊为净土宗第十三代祖师，因为大师的种种神迹，佛教徒深信大师是大势至菩萨化身（《印光大师永思集》中有相关记载）。

大师幼随胞兄习儒经，涉猎释教经典，矢志参佛。光绪四年（1878年），舍家离俗，入西安慈恩寺听经。光绪七年（1881年），至终南山莲花洞寺，拜道纯和尚为师，剃度为僧，道号印光。民国19年（1930年），赴苏州报国寺闭关，指导创办灵岩净土宗第二念佛道场。民国26年（1937年），移住灵岩寺，至民国29年（1940年）农历十一月初四日五时，在大众念佛声中，安详坐化，享年80岁，僧腊六十载。其舍利子分置各寺，被尊为佛教净土法门第十三代莲宗世祖。

大师度人无数，最被人称道的是，无论是谁，只要写信请教，大师都回信指点迷津，由其回信结集而成的《印光大师文钞》，被认为是佛教徒尤其是净土宗信众的修行宝典。

印光大师与灵岩寺的结缘可谓传奇。苏州灵岩山灵岩寺，是印祖（印光）开创的净土道场，大师本在普陀山修行，供奉的观音菩萨是极乐世界的菩萨，把普陀山改成净土道场，不是名正言顺吗？普陀山是中国的名山，再加上印祖的大名，不是相得益彰吗？而反观灵岩已片瓦无存，欲兴道场，必须重新建筑。普陀山之前寺、后寺，殿堂雄伟，僧寮完备；只要起香念佛，道场即已成就，不是事半功倍吗？提出这些问题的人，对于普陀山的真实内情都是不大了解的。普陀山的前寺、后寺两大"丛林"，只能说是"半十方"，或者说是"表面十方"。因为前、后寺的住持大和尚，是由本山100多个茅棚里"房头子孙"选出来的，真正的十方僧、外海人是无权过问的。

灵岩寺之复兴，当然不是一日成功的。但只费了短短十几年的光阴，而竟能在一座荒山上，建筑起来前后四层正殿，以及配房僧寮，雄伟高大，精致庄严，不能不说是奇迹。凡是到过灵岩山的人，无不赞叹，"这都是印光老法师的功德啊！"意思是说，因为有印祖帮忙化缘，才能修建起来这座大寺的。印光法师从来不向人化缘，恐非外人所知了。那么重建灵岩寺的钱是哪里来的呢？当然大多数都是印祖的皈依弟子布施的，可是印祖并不直接向他们化缘。这时印祖已离开普陀山，在苏州城内穿心街报国寺闭关。凡是来求皈依的，或是来请示的居士们，印祖都顺便介绍，参观这座新成立的净土道场。他们到了山上，看见那么浩大的工程，自然会捐助资财的。这样毫不勉强，自发至心，才是清净布施，才能得到最大的功德。这就是印祖开创灵岩山净土道场的方法。

印光法师于1940年在灵岩寺向西坐化，安详如昔。圆寂后净土宗在海内外声名日著，他的身后也留下了传唱不尽的故事。

灵岩寺的镇寺之宝

灵岩寺虽为佛寺，却藏有一件墨宝，此即为灵岩寺的镇寺之宝唐寅书《落花诗》。唐寅（1470～1523年），字伯虎，一字子畏，号六如居士、桃花庵主等，据传于明宪宗成化六年（1470年）庚寅年寅月寅日寅时生，故名唐寅。汉族，吴县（今江苏省苏州市）人。他玩世不恭而又才气横溢，诗文擅名，与祝允明、文徵明、徐祯卿并称"江南四才子"，画名更著，与沈周、文徵明、仇英并称"吴门四家"。

唐寅画落花图，并在图上题落花诗并非一次。唐寅一生曾多次书写《落花诗》，每次诗作的数量不同，内容不同，书法风格也不尽相同，

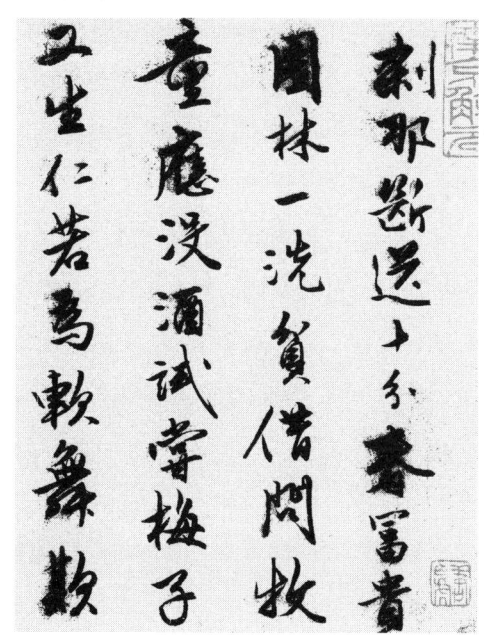

《落花诗》（灵岩寺的镇寺之宝）
行书《落花诗卷》局部，全卷纵 26.6 厘米，横 406 厘米，明唐寅书

目前所知的分别藏于普林斯顿大学附属美术馆、辽宁省博物馆、中国美术馆。

灵岩寺所藏的是《落花诗》中的一首：

> 不炼金丹不坐禅,
> 不为商贾不耕田。
> 闲来写就青山卖,
> 不使人间造孽钱！

说来有几分巧合，尽管唐寅的诗中说自己"不坐禅"，但是他的这幅字最后却被收藏在一座寺庙中。

除了唐寅的《落花诗》，灵岩寺中还有许多的碑刻。寺内有大小碑刻147块，系宋、元、明、清时所刻。这些碑刻大多具有很高的书法艺术价值。

同时，灵岩寺的藏经阁内珍藏着清刻《龙藏》7000多册，另珍藏元、明、清各代佛经10部，影印宋《碛砂》、《频伽》等藏经和历代佛教文物，共有佛经4.7万多册。

一元钱的门票

最后要提到的有关灵岩寺的一件趣事，是它的门票。在寺庙商业化浪潮一浪高过一浪的今天，灵岩寺至今仍然坚持只收1元钱的象征性门票。现任方丈明学法师，原籍浙江湖州，兼任中国佛教协会咨议委员会副主席、江苏省佛教协会副会长、苏州市佛教协会会长。明学法师深感佛理，生性幽默，门口的票务栏上写着："门票两元，一律半价。"

关于灵岩寺只收1元门票也有许多说法。有文章说："山到成名毕竟高。贺思聪称灵岩山为高，众必非之；这次登灵岩山，从心里折服它的崇高！山顶灵岩寺，至今坚持一块钱门票，现世少见！门票事小，住持高僧明学大和尚不随俗流之风范，实可叹服，故山以僧而高。"

另外，灵岩寺的香菇面多年来味道纯正，香汁诱人，从不变味，也是灵岩寺的一大特色。

小知识◎弘一法师

李叔同,学名广侯,字息霜,别号漱筒,祖籍浙江平湖,生于天津。中国话剧的开拓者之一,在音乐、书法、绘画和戏剧方面,都颇有造诣。从日本留学归国后,担任过教师、编辑之职,后剃度为僧,法名演音,号弘一,晚号晚晴老人。

弘一法师像
弘一法师是近代著名的律学大师,重兴南山律宗的第十一代祖师

◎《龙藏》、《碛砂》和《频伽》

《龙藏》,全称《乾隆版大藏经》,为清代官刻汉文《大藏经》,亦称《清藏》,又因经页边栏饰以龙纹而名《龙藏》。它始刻于清雍正十一年(1733年),完成于乾隆三年(1738年),是我国历代官刻《大藏经》极为重要的一部。全藏共收录经、律、论、杂著等1669部,7168卷,共用经版79036块。

《碛砂》,全称《碛砂版大藏经》,是南宋时代私刻《大藏经》的最后一种。刻版地点在平江府陈湖中碛砂洲延圣院(现在江苏省吴县境内),后来改名碛砂禅寺,因而通称这部藏经为《碛砂版》,或《碛砂藏》。

《频伽》,全称《频伽大藏经》,是光绪末年一代高僧宗仰上人在犹太富商哈同夫妇的资助和章太炎的帮助下,耗

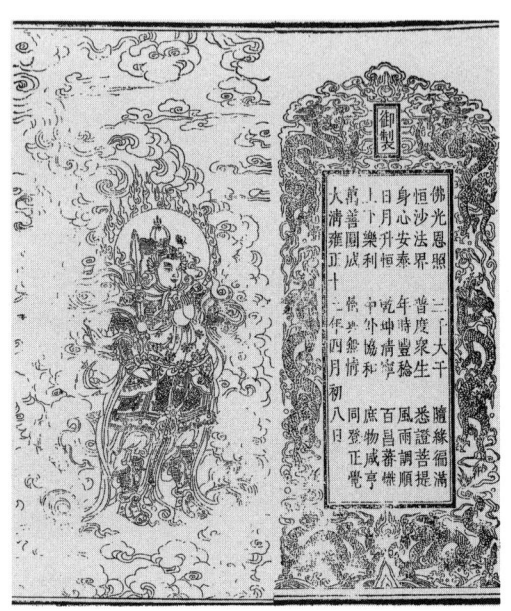

《龙藏经》插图
清雍正十三年（1735年）至乾隆三年（1738年）的木版画

数十年心血修编而成，是迄今规模最大、最具实用价值的大藏经。无奈当时国运不兴，战乱连年，此藏修成后仅印制百余套，且大多流失。

二 西园戒幢寺

始名归元,后称戒幢,地处闹市,梵音远播,寺在园中,园即寺景。地邻浩渺长江,寺接缤纷太湖。规模宏大、布局整齐的西园戒幢寺,具有典型的江南建筑的艺术风味。东为殿宇,西设寺园。高大雄伟如大雄宝殿者有之,纤秀素雅如湖心亭者有之,更兼重檐歇山,亭台楼阁,古木森森,绿水荡漾,梵音袅袅,生趣盎然。

1. 戒幢梵音绕繁华
——戒幢寺概述

西园戒幢律寺简称戒幢寺，也被称作西园寺。坐落于苏州城西阊门外，东边紧靠着以古典园林闻名的留园，西边则与幽寂的寒山古寺相邻，北望秀丽的虎丘风景区，南面阊门运河，地理位置可谓得天独厚。

戒幢寺虽然坐落在繁华之地，但寺内古木苍翠，梵宇重重，鸟语花香，钟声乐响悠扬不绝，走进寺庙，就恍若置身于一个清净庄严的伽蓝圣地。临闹市而无喧嚣，近尘寰而不污染。钟鱼梵呗，涤除烦恼之扰；绿荫亭阁，缓解人生辛劳；白云流水，怡然漫步，于身于心，都是一种美的享受。在西园戒幢寺既可观赏五百罗汉的各异神态，又可领略曲径通幽的悠闲情趣，更可以亲睹400岁神鼋畅游池中的神迹。

西园戒幢寺的现任住持是明开法师，监院为安上法师。寺内的主要殿堂有天王殿、大雄宝殿、观音殿、罗汉殿、藏经殿、禅堂和西花园放生池等。殿宇黄墙红门，灰瓦覆顶，雄伟壮观。寺内松柏参天，露台宝鼎矗立。

另外值得一提的是，戒幢寺还是苏州市佛教协会所在地。

西园戒幢寺

西园戒幢寺地理位置得天独厚，巧妙地融合了佛教殿堂与苏州园林的特色，相较寒山寺的秀美幽寂，西园戒幢寺更多地以建筑的雄伟壮丽取胜

2. 行到水穷处，坐看云起时
——戒幢寺的历史沿革

七百年风雨——从元朝的硝烟中走来

戒幢寺始建于元代至元年间（1264～1294年），始名归元寺，距今已有700多年的历史。明朝嘉靖末年，太仆寺卿徐泰时构筑东园（今留园）时，把已经衰落的归元寺改建为私家宅园，取名西园，时间大约在16世纪中叶。徐泰时故世后，他的儿子徐溶舍园为寺，重新称作归元寺，并于崇祯八年（1635年）延请报国禅寺的茂林律师任住持，改名戒幢律寺。经过茂林律师及尔后数代住持的努力，戒幢寺成为律宗道场，法会盛极一时，被列为江南名刹。

令人惋惜的是，戒幢寺在清朝咸丰十年（1860年）时毁于战火，只剩下残垣颓壁，荒草萋萋，令人哀叹。宣统年间（1909～1911年），浙江按察使盛康与吴郡士绅同倡议修复戒幢寺，请紫竹林寺方丈荣通及其徒弟广慧来住持此项工作。广慧法师自担任住持以来，辛苦奔波，托钵四方，化缘重建戒幢律寺。从43岁到73岁，在30年中先后修建

西园寺
经过茂林律师的苦心经营,西园戒幢寺再度成为吴门首刹

了大雄宝殿、观音殿、罗汉堂、天王殿、放生池及安僧的配套设施,待基本形成全寺的建筑规模,及完成了内部塑像,已是民国15年(1926年)。广慧法师重振寺宇,劳苦功高。

黄墙青瓦滚龙脊,红柱彩绘佛装金
——新中国以来的戒幢寺

自20世纪60年代以来,戒幢寺先后被列为苏州市和江苏省的文物保护单位。明开法师于1956年到戒幢寺,当年即被选为寺务委员会主任。到了1962年恢复方丈制时,明开法师又出任戒幢寺方丈,直至1994年4月卸任,他住持戒幢寺的工作长达38年之久,可谓德高望重、道行高深。同时，明开法师还是江苏省苏州市佛教协会的会长。

在"文革"期间，为使寺院免遭厄运，明开法师不顾个人安危，挺身而出，一方面亲率僧众日夜巡逻，另一方面多方奔走呼吁，抢救文物，保护寺院，从而使戒幢寺成为苏州唯一没受严重破坏、基本保持完整的寺院。而且寺中所藏经书，也有赖于明开法师和安上法师的保护。从1970年至1980年，明开法师对藏书作了全面整理、登记、编目，安上法师进一步分类、造卡，经过两位法师的努力，戒幢寺珍藏的6万多册古版经书得以保存。

为了更好地保护这座江南名刹，在1980年代西园戒幢寺多方筹措资金，维修了大雄宝殿、天王殿和生活宿舍区。随后在1986年，还对寺院佛像全面进行了贴金，五百罗汉像也加罩玻璃佛龛保护，用去黄金5000余克，共耗资60余万元。1991年寺庙又重建厨房、上客房、祖塔，耗资近50万元。尤其是近年来，整个寺院几乎进行了全面大修，把天王殿至大殿之间高低不平的坑洼地面，全部换铺成花岗石地坪，面积达2000多平方米，还把过去的钢管护栏一律换成石雕栏，栏杆望柱装饰浮雕莲瓣，对天王殿、大殿、东客房、库房、斋堂、方丈室、图书馆、研究所、念佛堂、弘法部等都进行了修缮。

现任住持普仁法师极具开拓创新精神，在罗汉堂全面整修过程中，结合时代的发展要求，同时遵循修旧如旧的原则，将罗汉堂屋顶升高60厘米，并加了斗拱，使堂内的空气对流，既利于塑像文物的保护，又使整体美观大方。现在呈现在您眼前的戒幢寺是"黄墙青瓦滚龙脊，红柱彩绘佛装金"。修葺后的整个寺院、殿堂、僧舍重现昔日风采，蔚为壮观；金身佛像、五百罗汉熠熠生辉，光彩照人。西园古刹以其著名的律宗道场和独特的艺术魅力，重又闻名海内外，游人香客纷至沓来。

西园寺佛堂
20 世纪 30 年代,苏州西园戒幢寺佛堂

小知识◎留园

留园是中国著名古典园林,位于江南古城苏州,以园内建筑布置精巧、奇石众多而知名。1961 年,留园被中华人民共和国国务院公布为第一批全国重点文物保护单位之一。1997 年,包括留园在内的苏州古典园林被列为世界文化遗产。

◎律宗

中国佛教宗派,因着重研习及传持戒律而得名,例如律宗，其实际创始人为唐代道宣。因依据五部律中的《四分律》建宗，也称四分律宗。复因道宣住终南山，又有南山律宗或南山宗之称。

律宗的教理分成戒法、戒体、戒行、戒相四科。戒法是佛所判定的戒律；戒行是戒律的实践；戒相是戒的表现或规定，即五戒、十戒、二百五十戒等。该宗的主要学说是戒体论。戒体是受戒弟子从师受戒时所发生而领受在自心的法体。即由接受的做法在心理上构成一种防非止恶的功能。这是律宗教理的核心理论。戒体，旧译"无作"，新译称"无表"，三家对此有所分歧，古师多依《成实论》，以"无表业"为色法，倡色法戒体论。南山宗道宣说《四分律》通于大乘，依《楞伽经》、《摄大乘论》所说，以阿赖耶识所藏种子为戒体。

3. 琳琅梵宫间，但闻钟磬音
——戒幢寺的建筑布局

西园戒幢寺具有典型的园林寺庙的特征，很好地融合了江南林园与佛家寺庙的特色。虽身居闹市，院内环境却清雅幽静，兼之建筑大都高大雄伟，与律宗的严谨风格十分吻合。

可怜佛宇仙宫好，混却茶炉酒肆间
　　——从照壁到前花园

清代诗人感叹道，"可怜佛宇仙宫好，混却茶炉酒肆间"，说的是西园戒幢寺的地理位置在城中闹市之间，这和一般隐于名山之中的寺庙不大一样。但是，顺着西园寺的大门一步步往前，绕过照壁，跨过福德桥，穿过御赐牌楼，直至前花园，闹市的喧嚣逐步隐去，寺院和花园的幽静一点点地让我们迷醉。现在就让我们一步步地走进西园寺吧。

照壁位于寺院的最外围，黄墙黛瓦，顶上有双龙盘绕，可以说是寺院的屏障。正面写着"戒幢律寺"四个大字。"戒"是戒规，防非止恶。"幢"是佛教的一种柱状旗帜，用以庄严佛菩萨及道场。"律"是修行者应遵守的各种戒律。从这个名字我们可以知道，西园戒幢律寺是一个重视戒律，以戒为本、以律为宗的律宗道场。

照壁的另一面写的是"自觉觉他"。觉是觉悟的意思，佛陀彻底地觉悟了人生宇宙的真理，并用自己的毕生精力教化众生，指引众生解脱烦恼。这四个字提醒我们，一个学佛者所应有的人生态度和追求目标，不仅要自己觉悟，也要帮助他人乃至一切众生觉悟，让他们都能从无尽的烦恼和痛苦中解脱出来。

照壁的两边就是福德桥和智慧桥。这两座桥就像两条小白龙横跨于上塘河上，成为戒幢寺接引信众、游人的第一步。两座桥全部用白色大理石砌成，气势非凡，站在桥上，可以尽情观赏运河两岸的美丽风光。

走下福德桥、智慧桥，首先映入眼帘的是古朴而雄浑的御赐牌楼，它建于清朝光绪年间，参差有致。上部为木枋楼，正中置明楼，左右为边楼。山门的这种结构与气派，在江南寺院中是不多见的。牌楼的中门横额上写着"敕赐西园戒幢律寺"。两边石柱上有一副对联，上联是"佛日增辉，重开阊阖"，下联为"宗风振律，大启丛林"。"重开"指原寺在咸丰十年（1860年）被太平天国军队烧毁，后来重建。正中最上方明楼上竖额写着"震国戒幢"。1903年，广慧老和尚50岁时亲自到北京恭请《龙藏》（佛教《大藏经》的一种），光绪皇帝敕赐"紫衣沙门，震国戒幢"，这就是匾额的来源。

走过御赐牌楼，才是戒幢寺新建的山门，即山门殿。山门为寺院的外门，整座山门集精美建筑与博大精深的佛教文化于一体。山门正上方是"戒幢律寺"匾额，两边的楹联为："一水设双桥广度群生登

御赐牌楼
西园戒幢寺的御赐牌楼古朴而雄浑,它建于清朝光绪年间

觉岸,三风垂百世严持净戒证菩提。"这是已故中国佛协副主席、当代著名书法家刘炳森居士的遗墨。上联中"一水设双桥"是指上塘河上的福德桥和智慧桥,"登觉岸"一语双关,既指信众和游人进入本寺佛教圣地,又指佛门接引众生,启迪和开发众生心中本来具有的觉悟本性。下联中"三风"是指西园多年总结的"家风、道风、学风"三风建设;"证菩提"就是达到最高的觉悟,也是就成佛。后面上方正中有金灿灿的四个大字——"宗风正脉",这是清代雍正皇帝的御笔。两边楹联"发菩提心悉使众生离诸苦,得正法流普于十方演妙音",是元代僧人继善血书《华严经》中的偈诵。山门背面正中上方是前上海博物馆馆长、著名书法家顾廷龙题匾"净域同登",下方楹联为弘

一大师书《华严经》偈句——"平等观诸法满足一切大愿力,悲心救世间速成无上佛菩提。"

穿过山门,我们迎面看到的是整修一新的万余平方米的前花园。花园里有四季常青的香樟树,石板路两侧铺满了郁郁葱葱的青草。花园里的树木大都是刚刚栽植的,因而和寺院里面一两百岁的古老树木相比显得太年轻了,可是也唯其年轻,显示着古老的佛法在今天崭新的时代也如年轻人一般,充满了强大的生机与活力,一如继往地化导人心。

走过丛林夹道、由花岗岩石铺成的菩提大道,就是恢复重修的钟鼓楼了。戒幢寺历史上的钟鼓楼于1860年毁于兵火,其后虽恢复寺院,因财力维艰始终无法重建,直到今天,在方丈普仁大和尚多方奔走的努力之下,钟鼓楼终于在沉寂了145年之后,再次敲响了庄严悦耳的钟声。

小知识◎大乘与小乘

> 佛教有大乘佛教和小乘佛教之分,小乘佛教强调"自觉",即自我得道,"觉悟人生",而大乘则是"觉他","奉献人生,普度众生"。"自觉"的人是罗汉,"觉他"的人是菩萨。那"自觉觉他"的人就是佛了。

◎山门殿

山门殿一般由三扇门并列组成,所以又名三门,三门象征佛教所说的空、无相、无愿三解脱门，也含有信、解、行及智慧、慈悲、方便之意。

◎钟鼓法器

在佛教中，钟鼓法器为龙天耳目。早晚功课和重大法事活动之时都要钟鼓齐鸣，以祈祷国泰民安、风调雨顺、世界和平。早晨先敲钟后敲鼓，晚上先敲鼓后敲钟。听钟声，能消除人的烦恼，净化人的心灵。钟声能"惊醒世间名利客，唤回苦海梦迷人"，又有言说："闻钟声，烦恼净，智慧长，福德增。"

妙法莲华净，牟尼宝殿新
——天王殿、大雄宝殿和观音殿

走过钟鼓楼，就到了气势恢弘、黄墙黛瓦的天王殿。它坐北朝南，顶势平坦，飞檐翘角。天王殿的位置相当于寺院的前卫，起着保护寺院的作用。天王殿内供奉着弥勒菩萨、四大天王和韦驮菩萨。

走进天王殿，迎面一尊弥勒菩萨，袒露全胸，大腹便便，和颜悦色，笑口常开。天王殿的东西两侧四尊高大的塑像，就是佛教中最有名的四大护法天王。

天王殿的背面，供奉的是韦驮菩萨。值得一提的是，韦驮菩萨的宝杵横放于两臂之上的寺院是不挂单留宿的，戒幢寺是十方丛林，所以韦驮菩萨的宝杵是立放的，即允许行脚僧人留宿。

从天王殿往前走，是一片开阔的庭院。庭院中古木参天，有数百

天王殿内的弥勒佛像
如同江南其他寺庙一样,弥勒佛像安放在天王殿的殿中

年的香樟树和珍贵的银杏树。迎面可见小巧玲珑的香花桥,造型优美,古朴雅致,堪称"寺中之桥"的典型。桥下是"香积池",池水与放生池相通,各色鱼儿,悠游其中。十方香客都相信香积池水可以祛病息灾,因此每到初一、十五会看到很多香客排队洗脸,以求吉祥健康。

穿过香花桥,迎面而来的就是大雄宝殿。大雄宝殿是寺院的中心建筑,现存的建筑兴建于光绪末年。梁枋均施苏式彩绘,典雅富丽,绚丽夺目。檐枋悬有"西乾应迹"匾额。西乾是指佛教的发源地古印度,因地处中国的西方而得名。相应地,中国则被称为东土。应迹是应化垂迹,也就是佛、菩萨应众生的机缘而示现种种形象济度众生。

与一般的佛寺相同,大雄宝殿一进正门迎面就是三尊高大的佛像,释迦牟尼佛居中,东面是药师佛,西面是阿弥陀佛。大殿后壁东面供有文殊菩萨,西面供有普贤菩萨。文殊菩萨以其"大智"而著称。他是过去七佛之师,现在为众菩萨之首。普贤菩萨以"大行"而著称,他发过十种大愿,利益众生。他所乘的六牙象王象征六度(又称为六

大雄宝殿
大雄宝殿巍峨雄伟，是一般寺庙的最重要建筑

波罗蜜，是菩萨修行的六种主要资粮，即布施、持戒、忍辱、精进、禅定、智慧）万行所产生的无比力量，能排除一切障碍。大殿的东西两侧是二十诸天金身立像，有的金刚怒目，有的菩萨低眉，神态各异。他们的目的都是护持佛法，利益众生。

三尊大佛背后，是一座大型立体彩塑群像。处在正中的是鳌鱼观音，又称海岛观音，其左边立着善财童子，右边则是龙女。上正中反映的是释迦牟尼佛在雪山修道时的情景。两边是十六天神，下面是十八罗汉。整个彩塑群像精妙绝伦，生动传神，令人遐思。

这座海岛观音泥塑构思十分精巧，建造师在海岛上设计了通风洞，并以海浪旋涡的形式将洞掩盖，以防止泥塑受潮剥落。大雄宝殿内共有塑像110多尊，中间三尊大佛端坐安详，海岛观音则慈祥和蔼，而

三尊佛
与一般的大雄宝殿布局相同,释迦牟尼佛居中,东面是药师佛,西面是阿弥陀佛

诸罗汉、天神神态各异,都雕造得极为精美,满壁生辉。寺内还有"佛日增辉"、"法轮常转"、"佛即是心"等联句,使整座殿堂更显庄严穆静。

移步换景,观音殿位于大雄宝殿的右侧,始建于光绪初年,殿内置三座佛龛,供奉三尊坐相观音菩萨,呈微笑状,面部丰满慈祥,头披风巾,中间一尊高大,端坐于莲花座上,左右各有善财、龙女侍从。这尊观音像是明代巧匠用香樟木雕塑而成,脸部的笑纹、身上的衣褶,线条流畅,反映出工匠当年高超的工艺水平,也因而具有较高的文物价值。观音殿中的楹联上写着"妙相圆融遍尘刹而求无不应,悲心志切度群生凡有感皆通",很好地反映了观音大慈大悲的形象。

小知识◎四大天王

　　四大天王分别是怀抱琵琶的东方持国天王、手执宝剑的南方增长天王、臂缠灵蛇的西方广目天王、手擎雨伞的北方多闻天王。他们在各自的方位上保护佛法、利益众生。民间通俗地称四大天王为"风调雨顺"。

◎如来与佛

　　很多不了解佛教的人往往把"如来佛"三个字连起来念，这是不对的。其实，如来就是佛，是佛陀的异名，意思是"无所从来，亦无所去"。如释迦牟尼佛也可以称为释迦牟尼如来，阿弥陀佛可以称阿弥陀如来。如果把"如来"和"佛"连在一起称呼就是笑话了。

捻珠托钵拈花笑，抱膝摩肩体态新
——戒幢寺的罗汉堂

出了观音殿，迎面就是享誉中外的五百罗汉堂。罗汉是实实在在的僧人经过苦修可以达至的境界，因而在寺庙中设立罗汉堂也为了告诫寺中和在家居士，人人皆有佛性，只要一心向佛，人人皆可成佛。戒幢寺的罗汉堂创建于明代末叶，距今已有300多年历史。清咸丰十年（1860年）毁于兵火，现存第一进石拱门的圆框，雕刻精美，为明代遗物，其余建筑为同治、光绪年间陆续重建的。

罗汉堂建筑广阔，屋宇深广，呈"田"字形分布，共三进48间。罗汉堂以佛教的四大名山塑座为中心，泥塑金身的五百尊罗汉，分单双号相对排列。五百罗汉沿四壁排列，均为木质金身，刻工仿苏州"甪直保圣寺"杨惠之的笔法，各具神态，栩栩如生，喜怒哀乐，无一不

罗汉堂
罗汉是小乘佛教中修行的很高境界

备,衣褶条文,清晰分明,无一雷同。有的慈眉低垂,有的怒目圆睁,有的屈膝箕踞,有的捻珠托钵,有的降龙伏虎。整群雕塑构思奇特,栩栩如生,是近代木雕精品。造像姿态各异,是江苏省现存艺术性较高而唯一保存完整的清塑五百罗汉。

步入罗汉堂正堂,两边龛内供奉大悲咒像,共84尊,是观音菩萨的化身。迎面是一尊用四块香樟木雕刻而成的四面千手千眼观音,观音像共有1000只手,每只手掌中有一只眼睛,象征着观音菩萨无限慈悲和无量智慧。只有慈悲和智慧都具足了,才能真正救度众生。此像构思奇特精巧,技艺高超,是木雕像中的艺术珍品,也是戒幢寺镇寺之宝之一。中央电视台2005年春节联欢晚会上的舞蹈《千手观音》就是以此构思而一举闻名的。罗汉堂中央的这座千手千眼观音高达13米,有四面,又称"四面千手观音",每面各有250只手,合起来恰好1000只手。它象征菩萨洞察四方,法力无边,救度苦难众生。这尊观音像雕刻精巧,具有很高的艺术和文物价值。

接下来是佛教四大名山塑座,罗汉堂以此为中心,呈"田"字布局。四大名山分别为四大菩萨成道的应化道场,普陀山为大悲观音菩萨应化道场,五台山是大智文殊菩萨应化道场,九华山是大愿地藏王菩萨应化道场,峨眉山是大行普贤菩萨应化道场。四大名山塑座上面有善财童子参访53位善知"五十三参"的故事,四角上四大天王云端侍卫,天女散花。塑像艺术水平达到巅峰,精雕细琢,精神饱满,堪称一绝。罗汉堂正中的这一四大名山塑座,包含着两方面的立意:一方面四大菩萨象征悲、智、愿、行,激励佛门弟子要效法四大菩萨的精神,一心修道,普济众生;另一方面罗汉堂初建时方丈考虑四大名山不可能每个人都亲往朝拜,游客在此就可顶礼四大名山,并瞻仰中国佛教的主要圣地了,真是一举而多得!

罗汉堂内还有一景便是中心两侧的济公与疯僧,这也是戒幢寺的一大特色。济公和疯僧的故事在民间广为流传。疯僧的塑像在北面,取材于"疯僧扫秦"的民间故事。说的是秦桧到灵隐寺敬香,疯僧一手拿扫帚,一手拿吹火筒,声称要扫除奸臣,并指斥秦桧"私通番邦,搞得狼烟四起"。这座塑像着意塑造了疯僧的疯态,被称为"十不全和尚",即癫痢头、歪嘴、跷脚、驼背等十样毛病,形象生动自然。在四大名山南边是歪戴破僧帽、身披破袈裟、手拿破芭蕉扇的济公像。济公是南宋灵隐寺的高僧,后住净慈寺,善诗文,食酒肉,劫富济贫,法力无边,在民间普遍传颂。这尊济公像着意刻画了面部神态,从右侧看满面笑容,从左边看忧愁烦恼,从正面看似喜非喜,似愁非愁。只因为它集喜怒哀乐于一身,深受人们欢迎和喜爱。

小知识◎北方多闻天王毗沙门

在四大天王中最得意者是北方多闻天王毗沙门。据说他与吉祥天女是夫妻,在古印度他是佛教中的一位主司施福护财善神。在印度古神话中,他既是北方的守护神,又是一位"大财神爷",故在四大天王中他的信徒最多。中国敦煌壁画中的毗沙门画像,画他渡海布道之际,常常散下金银财宝。

◎ "数罗汉"的民间习俗

在江浙一带民间家喻户晓广泛流行一种"数罗汉"的风俗,具体数法介绍如下:

依男左女右的顺序进入石拱门，拜过千手千眼观世音菩萨后，想着自己的心愿，随愿选一尊有缘的罗汉作为第一尊开始数起，数到本人今年的年龄（虚岁）那一尊止，记住罗汉的号数是多少尊。千万不要误以为当数到面貌带笑者必有好运，就喜滋滋；数到面貌哀愁或愤怒者便以为不吉利，老大不痛快。最好还是看看罗汉卡上的诗是怎么说的吧，一定要保存好开过光的金卡，但愿这尊罗汉能给您带来好运。

◎济公与疯僧

济公是南宋著名高僧道济禅师，擅长诗文，潇洒自然，不畏强暴，乐于助人。济公塑像极富漫画色彩，歪戴僧帽，肩披破僧衣，手持破葵扇。

更为独特的是，随不同角度观看，济公脸上的表情也不一样：从右面望去，突出其眉梢的几条皱纹，使之笑容可掬；从左侧望去，歪嘴的皱纹很深，呈现愁眉苦脸之相；正面相看，则是一副似笑非笑、似哭非哭的尴尬面孔。简单地说就是"右面笑，左边恼，正面好气又好笑"。

济公的眼睛塑得更神，不管你在哪一个角度看，好像他

济公雕像
济公在民间极受欢迎

都在盯着你不放。需要说明的是，小说和影视中的济公形象，荒诞不经，滑稽可笑，并不是济公的本色，更不可因此对佛教产生误解。

癫僧像取材于《说岳全传》中疯僧扫秦的故事。疯僧在杭州灵隐寺做烧饭和尚。岳飞遇害后，一日秦桧到寺烧香，疯僧当众揭发其罪行。他嬉笑怒骂，使得秦桧胆战心惊、狼狈不堪。疯僧身上那根腰带，塑得如同真的丝带束在腰间，那个结塑到好似用手一拉就能开的程度，逼真极了。据说这两尊塑像是塑造五百罗汉像的两个带班老师傅的媲美之作。

4. 流觞曲水古木香
——戒幢寺的西花园

戒幢寺又称西园寺，是因为有一个美丽的西花园，在这里您可以看到典型江南园林的优美景致。碧水清流，鸟语花香，更兼竹青柳瘦，假山林立，亭台遍地，因而向来以其秀丽的风光吸引着香客游人。这里原是明代徐泰时的西园。园中一片宽广明净的池面，四周环绕着苍松翠柏，亭台馆榭，曲栏回廊，掩映于花木山石之间，形成一片秀丽清新的园林景色。池中有"湖心亭"，亭上悬有"月照潭心"匾额。重檐六角，造型精巧优美。亭中有亭，供奉弥陀和莲池大师，有三曲石桥贯通两岸。园中绿柳夹道，假山相叠，花卉扶疏，竹林茂盛，有"西已种竹栽花，培心培地；园即放生育物，养性养天"一副对联。

九曲红桥花影浮，西园池水碧如油
——戒幢寺的放生池

西园戒幢寺的西花园以放生池为中心，江南园林特色浓厚。在西花园中，占地面积最大的也就要算这放生池了。与昆明圆通寺以放生池为中心的布局格调不同，这里的放生池呈蝌蚪形，头部在南，尾部在北，并弯向东南。池水绕园一周，再从罗汉堂下部直通大殿前的香积池，九曲三弯，时在明处，时潜暗中，然后延伸到库房后面。这种巧妙的构建，再加上其一片宽阔的水面，在国内寺庙中实属罕见。

放生池内清水如镜，池内养有许多五色鲤鱼，游鱼成群，鳞色斑斓，游人投饵池中，群鱼争食，翻游跳跃，生趣盎然。池中有明代所蓄的大鼋，寿命已有300多年，有时也偶然露出水面，引来人们争相观看。据考证，这两只斑鼋已经有400多岁了，是世界上已知最长寿的动物，而且，像这种背上有斑点的斑鼋全世界仅存三只，而戒幢寺小小的一个放生池里就有两只，足见这两只国家级保护动物的珍贵了。天气晴朗，有时大鼋会浮出水面，两只大鼋，一椭圆，一长圆，一名方方，一名圆圆，身长达1.5米左右。正如诗中所言："九曲红桥花

铜塑斑鼋
两只铜塑斑鼋造像据说是按照1:1的比例塑造，栩栩如生

影浮，西园池水碧如油。劝郎且莫投香饵，好看神鼋自在游。"然而，据寺中僧人透露，大鼋已经去世，让人感慨万千，万物终有尽期。不过，放生池岸边还有两只铜塑斑鼋像，是以 1:1 的比例塑成的，形象十分逼真，苏州本地人对风水大鼋有很多奇妙的故事传说。

放生池既是大自然湖泊的缩影，供游人观光欣赏，又是佛教寺院的放生场所，供善男信女行善积德之用。佛教是慈悲不杀生的，不但不杀生，而且还要积极护生、放生。戒幢寺的放生池里，最多的就是各种的鱼和龟了。风丽日下的花园，放生池里锦鳞无数，大小龟类点缀其间，草木繁茂，生机盎然。五色缤纷的鱼儿悠游自在，穿梭往来，或聚或散，怡然自得，与那些菜市场上任人宰割的鱼类相比，它们真的是太幸运、太幸福了。

劝郎且莫投香饵，好看神鼋自在游
——戒幢寺的湖心亭与九曲桥

湖心亭建在放生池的中心，与岸边的花园通过九曲桥相连，山石花木环绕，使人流连忘返。

湖心亭四周环水萦回，犹如岛屿，仿佛蓬莱。亭为六角，砖木结构，楼阁形式，双重飞檐，轻盈多姿，造型优美。亭以粉墙分间内外，东西两面各设大门，通过九曲石桥与两岸连接。亭外有檐廊，设置靠栏，观鱼翔戏乐，看神鼋出水，令人陶醉，依恋忘返。更为独特之处是亭中有亭相套，同是六角，似是外亭的微型，不同者内亭为单檐。内亭东面供奉阿弥陀佛，以示凭借佛力，摆脱畜生恶道的轮回之苦，得往生西方极乐世界。西面供奉莲池大师，大师是明代四大高僧之一，主张净土，提倡放生，于城内外开放生池，撰写《戒杀放生文》，以

湖心亭与九曲桥

湖心亭四周环水萦回,犹如岛屿,仿佛蓬莱

诚害物,而且莲池大师还是戒幢律寺大弘律法的第一代住持茂林律师的恩师,供奉其像亦寓怀祖念本之意。内亭下部是近年修葺寺宇时,用丰子恺的护生画补绘。若说西花园以放生池为中心,那么湖心亭则是中心的核心,而亭中亭又是核心的核心。

亭阁倒影,映入池中,可谓亭池互辉;蓝天白云,飘浮湖面,悠悠渺渺;池中设莲花喷泉,条条水线从花中迸射,莲蕾荷叶一旁衬托,这种虚实倒影的艺术效果,构成亭中亭画面,幻化成天与水、人与佛、世间与天国的微妙结合,真可谓出神入化。

忘机鱼自乐,听梵鸟无喧
——放生池的周围风景

湖心亭东南方向有一处黄石垒砌成的假山,山中有空洞可容穿行,又有石阶可攀登,曲径迂回,逶迤起伏。登上假山,眼前又见一座六角亭。水中的六角亭和山上的六角亭遥相呼应,风景之美让人陶醉。登山极目远处,西花园可收眼底;凉风袭来,树影婆娑,使人心旷神怡。此亭名曰"云栖亭",这也是为了纪念莲池大师的功德而建的。

在池的东西两侧各有一座建筑,西侧的临水建筑名"高云极乐世界轩",单檐翘角,单间单进,外设檐廊。东面临水筑露台,台上有一古典厅堂,名"四面厅",四面置大门,墙壁均为镂空窗花,宽敞明亮。这里现在是佛经法物流通处,里面有各种佛学书籍和精美的佛教纪念品可供游人选购。大厅内有一副很美的对联:"地拓三弓,喜几净窗明,柳眼花须齐掩映;塘开一鉴,看鸢飞鱼跃,天光云影共徘徊。"

露台上有两棵紫藤树,据传为明代时栽种,推算下来树龄已达400多年。而在四面厅南侧,更有一紫藤,据记载树龄为540年。这两棵紫藤树藤干粗如树干,蜿蜒直至屋顶,枝繁叶茂,满架绿荫。若在厅内茶室中、露台上品茗小憩,茶禅一味,乐在其中!

四面厅西北侧有一恬静之处,三面环水,中间用石块垒起一平台,四周是幽径环绕,树木扶疏。平台上有石桌、石凳,三五为伴,游憩其间,可谓风景这边独好。

小知识◎莲池大师

莲池大师(1535～1615年),明代高僧,中国净土宗第八代祖师。俗姓沈,名袾宏,字佛慧,别号莲池,因久居杭州云栖寺,又称云栖大师,与紫柏真可、憨山德清、藕益智旭并称为明代四大高僧。

莲池大师像
莲社八祖明云栖莲池大师,清代线刻图

5. 爱河苦海度群迷
——戒幢寺的社会法务活动

西园戒幢律寺秉承丛林优秀传统，每年定期如法如律地举办一些法会活动，将佛教徒特有的生活方式以各种形式表现出来，使信众在步入佛门时，为种种肃穆庄严的仪轨所接受，起到了很好的弘法效应。

春节敬香

每年春节期间，从除夕夜起，西园戒幢寺外就人头攒动，拉开了一年一度的"春节敬香"序幕。大年夜9时左右，在寺内的主要路口，已经是川流不息，人人手捧一炷清香，于天王殿前纷纷点燃，拈香向着十方问讯，祈求十方三世一切诸佛菩萨慈悲加被，愿在新的一年中，阖家平安，六时吉祥，诸事顺遂。许下心愿之后，有的施主还要带领合家大小遍礼寺内诸佛菩萨法像，随分供养。

大年夜里，特别是时近凌晨的一段时光，虽然天气很冷，间或有零星的雨雪，可是来寺敬香者，却越来越多，到处都有人潮起伏，人群里有着声声欢笑,声声祈祷,声声佛号。天王殿外氤氲的香烟和闪耀的烛火,映照着一张张充满希冀的欢乐的脸庞——新年伊始,人们齐聚在西园,在这里播下了希望的种子,许下了美好的心愿与祝福。西园寺的香客众多,既和佛寺的声名有关,又和其处闹市之中来去方便相关。

四月初八"浴佛节"

四月初八是佛祖释迦牟尼诞生的日子。新年的脚步向前迈进,绚烂的阳光向人们昭示,身边的风物俨然已是"人间四月天"的光景。在浴佛节这一天,各大寺院都要举行盛大的仪式,来纪念本师释迦牟尼佛的诞生。宋人笔记《醉翁谈录》里记载了在中国古代举行浴佛仪式时的情形:"浴佛灌浇之日,僧尼道流云集相国寺,合都士庶妇女骈集,四方携老扶幼交观者莫不蔬素,众僧竞列既定,乃出金盘,广四尺余,置于佛殿之前,前陈经案,次设香盘,四隅立金频伽,蹬道阑槛无不悉具,盛陈锦褥,精巧奇绝,冠于一时。"如今的浴佛仪式,虽然内容千古不移,在形式上却更多地代之以现代意义。在大殿供桌上,以鲜花装点四方上下。浴佛之水,先期以种种名香,配合制成,佛前遍陈香花、灯烛、鲜果、净水,四众弟子云集大殿之内,香云缭绕,梵乐悠扬。随着浴佛仪式的正式开始,大殿内,庭院中,比肩接踵的僧俗弟子肃立着,人人都摄心止念,口宣佛号,在这个吉祥的日子里心中默祷风调雨顺,国泰民安,兵戈休征,海晏河清。在纪念本师释迦牟尼佛圣诞的庄严法会结束之后,人们心中都已经深深铭记佛陀"不为自己求安乐,但愿众生得离苦"的教诲,素日尘劳染污的身心被洗濯得清净了许多。

纪念观世音菩萨

　　每年农历二月十九日、六月十九日、九月十九日，分别是纪念观世音菩萨诞生、出家、成道的重大佛教节日。寺院通过举行一系列的法会，让功德回施于众人，法喜流布于三界。用观世音菩萨的无量悲心感化所有的法会参与者，使菩萨的大悲精神化为了每个人的具体言行，在奉献人生、服务社会的行动中提升人的品格。除此之外，腊八节的免费放粥活动也吸引了大批的信众，如果能尝到第一碗腊八粥，就寓意多福多寿，消灾弥祸。

6. 不识慈氏如来，唤作布袋和尚
——戒幢寺的高僧大德

律院祖师——茂林律师

明末徐溶舍园为寺，于崇祯八年（1635年）延请报国禅寺茂林律师任住持。师将"归元寺"之名改为"戒幢律寺"，律宗家风沿续至今，功不可没。

茂林律师，茗水长兴人，俗姓沈氏，法名性祇，别号力果道人，茂林，其字也。出生于明隆庆三年（1569年），19岁出家，学念佛法门于云栖莲池大师，依灵谷寺慧云律师受具足戒，师精究戒律，博通三藏，并以念佛为法门，日持无量光如来名号十万声，唯不喜口头禅，时加以诃责。登座敷扬，每以莲宗垂训，说戒谈经，得戒者无数，传法12人。师到戒幢寺时已67岁，翌年，即圆寂于戒幢寺。临终告众曰："凡我弟子，严持戒律；宗主念佛，深信因果。有不道者，摈之出寺。"表达了其一生宗旨及严格风范。享年68岁，僧腊48年。戒幢寺放生池畔设"戒幢塔院"，内有祖师塔座："戒幢律院开山第一代茂林抵律师塔"。

在《律宗灯谱》中有《姑苏报国寺茂林律师传》,师为东土律宗第二十一祖、金陵天隆寺古心律师下二世。师著《四分律记》、《毗尼日用》、《五百问经略解》等书流传后世。

普仁法师俗姓名郑成銮,1957年9月生于福建省福安市一个佛教世家,双亲与弟妹均先后出家。普仁法师在1980年12月依苏州西园戒幢律寺明开大和尚披剃出家,法名常耀,法号普仁。1982年9月在西园戒幢律寺依明开大和尚受具足戒。1980年12月至1983年3月在中国佛学院灵岩山分院学习,同年3月毕业后,被分配到西园戒幢律寺。

普仁法师在西园戒幢律寺先后从事藏经楼管理工作,曾担任过西园戒幢律寺会计、副寺、监院兼服务部主任,以及苏州市佛教协会总会计、副秘书长,现任苏州市佛教协会副会长兼秘书长,并在1998年9月荣任西园戒幢律寺方丈。普仁法师在20余年的佛教生涯中,牢记恩师明开法师的教诲,铭刻老师安上法师的教导,务实为本,脚踏实地,兢兢业业,在管理寺院和住持市佛协的日常工作中,取得了显著的成绩。

普仁法师坚持中国佛教协会制定的"独身、素食、僧装"六字方针,秉承师训,尊师重道,把明开法师"寺要像寺,僧要像僧"的教诲落实到安上法师遗训的"道风、学风、家风"三风建设中,尤其是提倡和强调寺院僧人要早晚课诵、过堂用斋、诵经念佛和半月诵戒等佛教优良传统。

普仁法师还十分关心社会慈善事业。在1998年元月初,他不顾自己脚伤疼痛,率队远赴四川剑阁县向连遭五年旱灾的鹤龄地区,进行赈灾慰问,并以苏州市佛协的名义捐款15万元,购买粮食、药品和生活必需品亲自送到灾区人民手中，当地灾民深受感动。普仁法师在慈善基金会、福利院、敬老院及希望工程都留下了慈善乐施的事迹，他关心人间疾苦，为社会安定团结奉献爱心。

三　苏州寒山寺

在中国的历史上从来没有这样一座寺庙和一首诗的命运如此紧密地联系起来。寒山钟响，誉满天下。也从来没有这样一座寺庙和动人的神话传说气息相关，寒山、拾得"和合二仙"的美名在民间到处传扬。你看那重檐复宇，你看那栏廊萦绕，你看那壮阔中透着的秀美，你看那古朴中显着的纤巧。枫桥的晚风吹来了寒山的气息，我们一起去领略吧。

1. 寒山钟声响千年
——寒山寺概述

一首诗成就了一座寺庙，一个人写就了一段传奇。寒山寺与张继的渊源千古流传，让我们拨开历史的迷雾，去一探中国十大名寺之一的苏州寒山寺。穿越枫桥古镇的石板路小巷，或是站在枫桥桥头，抬眼即可望见碧瓦黄墙的寒山寺坐落在绿树丛中，院内青松翠柏，曲径通幽。唐朝时著名诗人张继上京赶考，途过寒山寺，夜闻钟声，感慨万千，遂有千古传唱的名诗——《枫桥夜泊》："月落乌啼霜满天，江枫渔火对愁眠。姑苏城外寒山寺，夜半钟声到客船。"诗韵钟声千载流传，寒山古刹因此名扬天下。

寒山寺坐落在苏州城西阊门外约5公里处的枫桥镇，始建于六朝时期的梁代天监年间（502～519年），距今已有1400多年。寒山寺原名"妙利普明塔院"。唐代贞观年间，传说当时的两位名僧寒山和拾得曾由天台山来此住持，遂改名为寒山寺。在寒山寺1000多年的历史风雨中，寒山寺先后5次遭到火毁（一说是7次），最后一次重建是清代光绪年间。

江南水乡的枫桥
江苏省苏州市,枫桥,江南水乡

寒山寺
江苏省寒山寺,中国十大名寺之一

历史上寒山寺曾是我国十大名寺之一。寺内古迹甚多,有张继诗的石刻碑文,寒山、拾得的石刻像,文徵明、唐寅所书碑文残片等。寺内主要建筑有大雄宝殿、庑殿(偏殿)、藏经楼、碑廊、钟楼、枫江楼等。寺内古木葱葱,梵音悠扬,钟声雄浑,传唱着千年的寒山传奇。

2. 寒拾遗踪
——寒山寺的历史沿革

两千多年前,佛教从古天竺传入中国。很快地,源于印度的佛教就与以儒道思想为主体的中国本土思想文化相融合,形成以大乘佛教为主流的中国佛教。最初的寒山寺就诞生于中国佛教的第一次大发展中,距今已1400多年了。寒山寺内有两块匾额,一块是明代崇祯年间刻的"寒拾遗踪",另一块为清末江苏巡抚程德全写的"妙利宗风"。这八个遒劲漂亮的大字,简明扼要地点出了寒山寺1400多年来的历史。

贞观年间(627～649年),由儒入禅的诗僧寒山的到来,使寒山寺更增加了传奇色彩。诗人张继的一首《枫桥夜泊》,则使寒山寺由一座地方寺庙,上升为具有全国性知名度的寺庙。与众多其他全国闻名的寺庙相比,寒山寺既不是某一宗派的祖庭,也少有著名高僧驻锡于此,寒山寺的知名在于它对佛教内涵的显扬,并且由于其深厚文化底蕴而显得益发具有历史的厚重感。梵呗、钟声,是佛寺所共有的,但在寒山寺这里,他们又上升为文化心灵的感悟,僧俗四众,四海内外,都感受到心灵的共鸣。正因如此,无论经历多少坎坷、兴衰,寒山寺

"寒拾遗踪"匾额
明代崇祯年间刻的"寒拾遗踪"点明了寒山寺与寒山、拾得二人的渊源

永远面向人间社会。

因此,寒山寺历来游人访客不断,今天,香火更旺,每年中外游客以百万计。有一种说法,了解中国的历史去西安,研究中国的儒家文化去曲阜,感悟中国的佛教文化来寒山寺。每年除夕的寒山寺听钟声活动,使一年的对外接待达到高潮。夜幕降临,寒山寺内外成了人的海洋,欢乐的海洋,吉祥祝福的海洋。"年年相会在枫桥,岁岁年年少烦恼。"

名刹初成

在寒山寺发展的漫长历史中,和许多的寺庙一样,也经历了无数次的兴衰。据典籍记载，寒山寺始建于南朝梁武帝天监年间（502～519年），初名"妙利普明塔院"，得名于寺中当时颇为有名的妙利普明宝塔。此后寒山寺迭经世变，屡毁屡兴。

寒山寺在1400多年的发展史中有几次重大的兴废和历史转折点。贞观初年（627年），有号"寒山子"的僧人"来此缚茆以居"。唐玄宗时著名禅师希迁"于此创建伽蓝，遂题额曰寒山寺"，这是寒山寺正式称"寒山寺"的开始。

"安史之乱"的时候，天下不安，然而寒山寺却迎来了自己发展的重大时刻。诗人张继避居吴地，夜闻钟声，感慨万千，遂作《枫桥夜泊》诗。诗成后，"天下传诵，黄童白叟皆知有寒山寺也"。时间到了北宋太宗太平兴国初年（976年），节度使孙承佑重建七层佛塔。这是普明塔之后又一次明确记载到寒山寺的宝塔。

多逢劫难

到南宋建炎年间（1127～1130年），南北纷争，地方不宁，寒山寺多次遭到溃军的肆意践踏，墙倒屋塌，寺僧隐匿。不久，绍兴四年（1134年），有法迁长老经过12年惨淡经营，重修栋宇，再建佛塔，又新建水陆院。修复后的寒山寺，其规模气势远胜往昔。

从宋代的《平江图》中可以看出：寒山寺（当时称枫桥寺），在平江（今苏州市一带）的西北城外，"距城七里余"。运河和驿道从西北方向通向苏州，在寒山寺西北，向南分出水陆两支，陆路至寺门口，水路经寺西至寺南回绕进寺内。寒山寺整体呈长方形，寺门向西，从陆路进山门，在山门、前殿之前有桥，桥下即运河进寺之水，水的端头是三间大殿。在前殿之后是七间后殿，左右两侧各是三间配殿。

在佛寺右侧,矗立着一幢高耸的佛塔,塔下绿树环绕。与今天的寒山寺相比,当时的周边环境、山门朝向的特色、佛寺的结构等均大同小异,可谓处繁华风雅之地,悯人间悲欢冷暖。宋代张师中《寒山寺》诗中有云:"不为喧所迁,意以静为主。何必深山林,峰峦绕轩户。"从中也可以见出寒山寺道风正固之传统。

蒙古人统治期间,因其统治者信奉佛教,故而全国大多数的寺庙得以幸免,寒山寺在元朝时得以平稳发展。及至元末,寒山寺及其佛塔再次毁于战火。明初洪武年间(1368~1398年),僧人昌崇重建寒山寺,到永乐三年(1405年),僧人深谷昶公继续修葺寒山寺,寒山寺面貌一新。正统己未(1439年),苏州知府况钟重修寒山寺。嘉靖年间(1522~1566年),僧本寂铸钟建楼。经过明末战乱,到清顺治初,寒山寺几乎沦落为汛署,依靠寺僧勉力苦守,才得以延续下来。

清道光年间(1821~1850年),由于误食毒菌,"寺僧老者弱者,住持者、过客者140余人,忽一日尽死"。因为这次意外的重大打击,寒山寺在很长时间内都一蹶不振,这是寒山寺近代发展史上的一次大劫难。咸丰年间(1851~1861年),太平天国席卷江南,清军在溃败时纵火焚烧阊门一带,火势绵延至寒山寺,一夕之间寒山寺的阁楼僧舍都化为灰烬。之后清末江苏巡抚陈夔龙、程德全先后主持修复寒山寺,经过二公的苦心经营,寒山寺再度兴起,"几为吴下精蓝之冠"。

民国的时候,政治颇为腐败,百姓的生活十分困难,寒山寺的情况也十分惨淡,香客稀少,寺僧零星散去。到了日军侵华的时候,日寇占据苏州,寒山寺殿堂屋舍一度沦为日军的仓库和马厩。至1949年苏州解放时,名闻海内外的千古名刹,已是荒草萋萋,一片凋零。

小知识◎《平江图》

《平江图》为南宋绍定二年（1229年）李寿明刻绘，民国年间拓印。图纵274厘米，横142厘米，生动准确地描绘了宋代姑苏古城的河道、园林和各个宗教建筑，具有极高的史料价值和艺术价值。该图作者采用了中国古代传统的平面与立面相结合的形象画法，使所绘的山丘、城墙、名塔、河水等景物形象直观。而平江城内城、宫城分别以不同符号表示，每座城门均分别绘出陆门和水门。尤为重要的是，该图十分突出对地理要素的反映，为其特色之处，是研究苏州古城历史及城市规划不可多得的史料。

古寺新生

长夜终于过去，1949年苏州市人民政府成立后，寒山寺在和平安定的环境中渐渐恢复了旧貌。1954年，原常州接待寺僧演林法师来此协助照管香火，寒山寺又有了僧人。1964年，苏州市佛教协会派性空法师来寺协助管理，解放初期的荒寺，又修筑起了围墙，部分建筑也得以整修。1954年，苏州名士宋鸿钊将其祖传名楼花篮楼施赠寒山寺，经过工匠的精心操作，整座楼被完整地移建到寒山寺的东南角，改名为"枫江楼"，这为古寺增光不少。

"文化大革命"中，在一浪高过一浪的"横扫一切"的喧嚣声里，寒山寺开始紧闭庙门，度过了"文革"的最初几年。十一届三中全会后，我国实行改革开放政策，不少来华访问的外国友好人士，陆续来寒山寺游览。不久，苏州市革命委员会专门发了文件，让寒山寺、西园寺等佛教寺庙恢复旧观并对外开放。修复工作也开始起步，以后开展了在全国独树一帜的"元旦听钟声"旅游活动，培养了一批年轻的僧人，重建了唐朝风格的佛塔，参与社会各项慈善活动，等等。

寒山寺兴衰之谜

寒山寺1400多年来屡毁屡兴，其魅力是独特的，其中也确有神奇之处，令人深思，耐人寻味。寒山寺基本位置，千余年来大体未变，一直屹立在枫桥之畔。寒山寺所居之位置是很微妙的，依古运河而建，门临古驿道，背后十里即苏州城西之阊门。因此，一方面，寒山寺扼南北交通之要冲，无论北上金陵，还是南下浙闽，必走此路，南北往来人员络绎不绝；另一方面，寒山寺当苏州西北阊门之前冲，明清之际的阊门一带，最是红尘中一二等富贵风流之地，寒山寺的兴衰就与阊门、苏州的发展息息相关了。

寒山寺名扬天下，与张继的诗有很大关系；反过来，张继的诗也因寒山寺而更加流传开来：所以也不知是寒山寺成就了张继，还是张继成就了寒山寺。《枫桥夜泊》诗的核心是钟声，古往今来多少人奔走于利禄之途而执迷不悟，霜天静夜，一声钟响击醒冥顽，顿时彻悟。由儒入禅是中国封建社会后半期知识分子共同的心路历程，敬知双修、定慧双修、止观并重，三教合流。张继的诗第一次在文人诗中用钟声沟通了儒释之道，从此寒山寺的钟声，不同于普通的钟声了。

在为寒山寺的中兴作出贡献的人物中，大体可以分成两部分。一是法迁、昌崇这样的禅门释子。二是当地的军政首脑，较早的如北宋

寒山寺塔
江苏省苏州市寒山寺塔

孙承佑重修佛塔，后来的如况钟、陈夔龙、程德全，他们是出于恢复佛寺的目的而埋头苦干的。他们或许也信仰佛教，但更深层的心理，是他们不只把寒山寺看成是一座佛寺，而且还把它看成是一座诗寺，一座文化之寺，一座交融着儒释两种文化心理、透射着时代盛衰的兴亡之寺。寒山寺更多地寄托了士大夫们的薪火意识，寒山寺在张继之后，博得了无数诗人士大夫的青睐，诗韵悠悠，书卷飘香，成为这座千年古寺又一道独特的风景线。

小知识◎梁武帝与僧侣的吃素习俗

梁武帝受戒后，每天只穿草鞋，着布衣，睡草席，吃剩饭，喝豆汤，不沾一点肉腥味，整个就是一个苦行僧！本来佛教并不主张绝对吃素（所谓蔬食），梁代以前的僧侣一般都吃荤，是梁武帝改变了这一习惯，他自己带头不吃荤，最后勒令所有僧尼一律不可以吃荤，从此，便形成了出家僧尼和在家信徒一律吃素的传统。

◎梁武帝与中国佛教

身为一国之主，却不惜以皇帝之尊，先后几次舍身佛寺为奴，再由皇室臣僚们用高价将他"赎"出。这种咄咄怪事，不仅在中国历史上，就是在世界历史上，也是不多见的。其始作俑者，乃是南朝梁的开国皇帝——梁武帝萧衍。

萧衍（464～549年）出生在一个世代信奉道教的家庭，

博学多才，不仅对佛学、道学、儒学有精深的研究，在文学、音乐、书法方面也有一定的造诣，撰写了各类著作1000多卷，在历代皇帝中，算得上是个才子。梁武帝提倡"三教同源"说和"真神佛性"说，试图把儒、道、佛三教融为一体，在儒学基础上建立起富于中国特色的儒化了的佛教，使三教更好地为其所用，以便巩固封建秩序，加强封建统治。

具有讽刺意味的是，佛祖并没有"保佑"梁武帝这个虔诚的弟子。548年，叛东魏降梁的侯景发动兵变，第二年，梁武帝在四面楚歌声中，饥饿加疾病，凄凉地死去。

◎性空法师

"文革"爆发后，性空法师被遣送到农村劳动。性空走时，带了一块高约0.5米、宽约2米的木匾，上书："五峰古方丈，光绪十年，德清俞樾书。"无疑，这是一块珍贵的历史文物，也是佛门一宝。性空在昆山农村那段时间，这块木匾就成了他的床板，有时他怕霉坏了，便拿出去晒晒太阳。

待到风声稍松，性空法师就到寒山寺去看，每看一次，他就增加一次信心，他不断默念着："种如是因，感如是。"历史的车轮经过艰难的转动，终于驶向了1976年阳光灿烂的秋天，"十年一觉文革梦"，神州大地又在春风中苏醒了。1978年，性空、演林先后从农村调回了寒山寺。

3. 禅房花木深
——寒山寺的建筑格局

古寺枫江一朵莲,祥云瑞气溢连天。
微风慢动角铃响,急雨顿开佛子吟。

凡是参观过寒山寺的人,一定会觉得其庙宇精致有度,但不甚宏敞。其实今天的寒山寺只是历史上寒山寺的一小部分,但透过其古朴的建筑布局,我们依然可以看出寒山寺从历史深处走来的厚重之感。

寒山寺与一般的寺庙相同,也有构造大致相同的天王殿、大雄宝殿和罗汉堂等,但是其他一些造型独特的建筑如枫江楼、弘法堂等却为寒山寺所独有。值得一提的是,寒山寺的建筑布局并没有严格按照中国传统的中轴线原理,而是分布得稀疏错落,但却益发显得布局精巧。

向西开的佛门

寒山寺的山门是朝西的。通常的民居建筑和寺院建筑都是以坐北朝南为佳，而寒山寺的庙门为什么要朝西呢？佛教在传入中国之后，逐渐采取本土化传教策略，在思想上与魏晋玄学共鸣。在寺庙格局上，采取庭院式布局，中国传统的庭院，一般有南北向的中轴线，左右对称，门向南开，全国大多数汉传佛教寺院均山门向南开，寒山寺是少有的山门向西开的寺庙(在江苏，还有一座著名的寺庙也是山门向西开的，那就是屹立于扬子江心的镇江金山寺)。山门西开的原因史无记载，不过800年前南宋《平江图》中的寒山寺，山门就已向西开了，可以推测寒山寺山门向西开，时代会更早。

据寺院德高望重的寒山寺老方丈说，这乃是"因地制宜"。原来主要是因为地形所限，其实并非寒山寺一家如此。苏州许多寺庙都是面河而建的，而且其山门外还都有供香客游人上下船的码头。中国自古以来就有"南船北马"一说，尤其对生活在水乡古城的苏州人来说，从前出门办事，朝山进香一般都以船代步，所以为了方便香客，许多寺庙都是面河而建的，寒山寺当然也不例外。

当然，在佛家的理解里西方还有另一层意思。西天是如来佛祖的居住地，又称极乐世界，光明圣洁，无一烦恼，所以庙门朝西开，也表示崇敬向往佛国圣地。《阿弥陀经》中说："从是西方过十万亿佛土，有世界名曰极乐，彼佛光明无量，照十方国无所障碍，是故号为阿弥陀。"阿弥陀佛是在西方极乐世界的。山门西向，意味着念念不忘西方极乐世界。

再者，原因可能与地理环境有关，有人说面向运河，有防火灾之意。院多火烛，历代寺僧都以大运河的水来消防灭火，水能克火，从风水上来克制火灾。然而和尚们的苦心仍逃不脱人间的灾难。

从照墙到大雄宝殿

如果从寒山寺南侧的公路沿古驿道北行到寺，首先映入视野的，是一座面西临河而立的庄严、厚重的照墙。墙体方正、黄壁黛瓦，正中镌刻着晚清书法名家、浙江绍兴人陶濬宣题写的"寒山寺"三个大字，字体古朴苍劲，给历经千年风霜的古刹增添了庄重感。这座照墙是1954年整修寒山寺时，由时任苏州市园林整修委员会主任的谢孝思先生提议建筑的。有了这堵照墙，一来使寒山寺寺威大壮；二来也符合中国古典建筑讲究含蓄、力避一览无余的文化心理。

过照墙，经过一片开阔地，是原寒山寺的二山门，建于清末。面阔三间，古朴肃穆，门口一对护寺镇狮，抬头看，山门上横额"古寒山寺"，迈进殿门，迎面是镏金端坐弥勒佛，大肚袒胸，和颜悦色，

照墙
照墙避免了围墙内的风景一览无余而失去含蓄之美

释迦牟尼佛雕像
江苏省苏州市寒山寺大雄宝殿里的释迦牟尼佛雕像

笑口常开,像前有寒山寺前方丈、现法主和尚性空法师撰的一副对联,上联"大肚鼓圆,能容天下难容事",下联"满腔欢喜,迎接世间有缘人"。这副对联概括了弥勒菩萨包容万事、笑对人生的佛家胸怀。

绕过弥勒坐像,是一立身塑像,金光灿灿,全身中国古代武士戎装打扮。这就是被称为"韦将军"或"韦天将军"的护法韦驮菩萨。他是寺院的守护神,旁有一副对联:

韦驮天将,惟护南弥三世界;
菩萨化身,不到北俱一卢洲。

大雄宝殿的前面是一古木参天的小庭院,银杏树古朴、刚劲,古木郁郁葱葱,给小院落平添了许多生机。西北侧是一个长方形的花坛,花坛东南两侧面分别嵌有"妙利宗风"、"寒拾遗踪"两块石碑。"妙利宗风"碑是清末江苏巡抚程德全书,讲寒山寺的久远渊源;"寒拾遗踪"碑是明万历年间住持明吾所立,翰林学士姚希孟题,章美作书,点明了寒山、拾得二人曾在此驻足。与花坛相对的右侧,有一残损的石碑,通过对残存字词的推考,断定是明代姚希孟的舅父文震孟所撰的《寒山寺重建大雄殿记》,1618年大雄宝殿被大火烧毁,1619年西流吾公(即明吾)托钵筹资,"复鼎新之",1630年文震孟应寺僧性宁所请,追记成此文。

寒山寺的大雄宝殿在历史上有过多次的毁建,我们现在所看到的大雄宝殿,是宣统三年(1911年)程德全重建的,是典型的清式建筑,单檐歇山顶,面阔五间,砖木结构。建于露台之上,雕花石栏环绕四周,花为含苞莲花状,富有佛教特征。大殿前方立有"大清宣统三年"、"重建寒山寺造"字样的宝鼎,六角双层飞檐,檐角挂铜铃,炉体镂空,

寒山寺内景
江苏省苏州市寒山寺中的大雄宝殿

寒山寺内景
寒山寺内的经幢及观音阁

下为宝鼎三足，鼎身镌有"大化陶镕"、"百炼金刚"等铭文。

大雄宝殿面宽五间，进深四间，高12.5米。大雄宝殿檐枋下高悬"大雄宝殿"匾额，殿内庭柱上悬挂着赵朴初居士撰书的楹联："千余年佛土庄严，姑苏城外寒山寺；百八杵人心警悟，阎浮夜半海潮音。"寒山寺在北宋嘉祐年间（1056～1063年），被敕封为"普明禅院"，因此供奉迦叶尊者，以示宗风。1924年康有为参拜寒山寺，写了一副"镇静书贝叶，法果证菩提"的对联，概括了佛教历史，现珍藏在寒山寺枫江楼里，成为寒山寺重要文物之一。

大殿两侧供奉的是十八罗汉，是明朝成化年间（1465～1487年）铸造的，原是从山西五台山请来的，神形各异，栩栩如生，十分珍贵。

一般寺院的大雄宝殿，在佛祖塑像背后往往是海岛观音。然而寒山寺在佛祖像背后却无塑像，供奉的是《寒山拾得图》石刻，图中二人袒胸散发，面带欢颜，落款为"花之寺僧罗聘书记"。罗聘是清代扬州八怪之一。画中寒山、拾得两人"状如贫子，又似疯狂"，寒山手指指地，笑口微开，似乎在讲："吾俩菩萨转世，天机不可泄漏，你知，我知，天知，地知。"拾得则袒胸笑颜，更逗人喜爱。石碑上方有诗篇："我若欢颜少烦恼，世间烦恼变欢颜。"全篇内容都是劝人变烦恼为欢喜，这样国家才能欢喜，君臣才能欢喜，夫妻才能欢喜，阖家才能欢喜。寒山、拾得被尊奉为寒山寺的祖师，在佛祖背后是祖师，这也是寒山寺的一个特色。

在大殿的东南方墙上，还有一幅清末郑文焯所画的寒山像，同样面呈喜色，风格与石刻相似。传说寒山、拾得是普贤、文殊的化身，清代雍正皇帝敕封寒山、拾得为和圣、合圣，民间称为"和合二仙"。在民间，多以童子面目出现，表现祥和、完满的意思。其事迹、形象流布海内外，影响深远。

寒山寺大雄宝殿的特色在于殿的后面。一般寺院中右侧木架上挂一口钟，左侧木架上放鼓，体现出家人晨钟暮鼓的修炼生活，但这里右侧悬挂着的钟曾经是日本的铜钟。这钟的全名为：仿古青铜乳头钟。钟上的铭文全是汉字，为1905年日本首相伊藤博文所写。

小知识◎弥勒佛

弥勒信仰在中国民间是有广泛群众基础的，不只是因为弥勒佛欣悦可亲、憨态喜人。从佛教来看，弥勒佛是"竖三世佛"（过去、现在、未来）中的未来佛。在释迦牟尼佛涅槃后的56亿7千万年后，将从兜率天宫中降临娑婆世界（即人间世界）成佛，化导众生脱离苦难，对于饱受苦难的民众来说，这是有莫大吸引力的。至于他的形象，一般认为是由五代时浙江奉化雪窦寺布袋和尚应化而来。布袋和尚自号契此，又号长汀子，身体肥胖，面带喜悦之色，常以杖荷一布袋，入市行乞，在民间有许多关于布袋和尚的灵验故事。

◎大雄

"大雄"为佛的德号，像大勇士一样，一切无畏。佛具足大力，能降伏四魔。四魔是指：一、烦恼魔，贪等烦恼，能恼害身心；二、阴魔，又云五众魔，新译云蕴魔，色等五阴，能生种种之苦恼；三、死魔，死能断人之命根；四、他化自在天子魔，新译云自在天魔，欲界第六天（即他化自在天）

之魔王，能害人之善事。此中第四为魔之本法，其他三魔皆类从而称魔也。因此，凡是寺院中之大雄宝殿，所供奉之主尊必定是佛像，而非菩萨或护法像。

弘法堂

再往前走，来到一个幽静古朴、青石铺地的小院落，坐南朝北三间青瓦房，正中门楣高挂"弘法堂"匾额。进入堂中，书案后凝神阅经的正是唐僧玄奘。在弘法堂内有这样一副对联："弘法远分灯，六渡鉴真莲座去；承师亲灌顶，八传空海密宗来。"联语中的鉴真、空海分别指弘法堂中供奉的另外两位高僧——唐代大明寺的"盲圣"鉴真和尚和日本的空海法师。"灯"，在佛教中指佛法的传承，如灯的生生不息、永不熄灭；"分灯"即一灯分为二灯以至无数灯，指佛法的向外弘扬；"远"指鉴真和尚弘法远至东洋大海外；"六渡"是指鉴真和尚六次东渡日本。鉴真坐像对面持锡杖的是弘法大师——空海。804年，空海随日本遣唐使来华，是年阴历十一月二十二日抵苏州，二十三日乘船到枫桥参拜寒山寺，最后到达唐朝京城长安学习佛学、诗文、绘画等，三年后学成归国，成为日本真言宗密教创始人，被誉为"日本的鉴真大师"。852年空海去世，日本天皇追赐"弘法大师"谥号。为了纪念空海对中日友谊的贡献，1993年，

空海铜像
空海从中国给日本带去了许多先进的文化，促进了日本的发展

在性空法师及诸长老的倡议协助下，在寒山寺建立了弘法堂，日本友人敬铸了空海铜像，赠送给寒山寺。弘法堂中的三位高僧，续佛慧命，尽此抱身。

小知识◎鉴真六次东渡

鉴真是唐代高僧，俗姓淳于，扬州人，14岁出家大云寺，18岁时由应邀来扬州的南山律宗开创人道岸律师授菩萨戒，27岁回扬州大明寺。在唐天宝年间（742～756年），鉴真屡次尝试东渡赴日，十多年间共有6次，直到天宝十二年(753年)第六次东渡才获成功。鉴真和尚为中日两国的文化交流作出了巨大贡献。

◎玄奘与西天取经

玄奘13岁出家，20岁受具足戒，他刻苦钻研佛经，去天竺取经。归国后，用19年的时间他共译出佛经75部1335卷，同时还根据西行见闻写成《大唐西域记》一书。在传承佛法的过程中，玄奘创立了法相宗。玄奘以其杰出的贡献成为我国历史上杰出的僧人。

满眼风光枫江楼

枫江楼坐落在寺院的西南角，从弘法堂向西即是。进入院中，满

枫江楼的风光
枫江楼面阔三间,坐西朝东,结构精巧,卓然屹立

眼园林风光,本已身处寺中,此时更觉超然离俗,院中一泓清水,名常乐池,池岸蜿蜒曲折,岸边太湖石高低错落,水中游鱼往来,或聚或散,悠然自得。水上三曲石桥,可通多闻榭,榭柱有一联:"入榭宽舒,闻钟听法,偶逢僧语,一心放下无热闹;游园欢欣,多绿少红,暂观鱼游,三乘停造得清凉。"其实榭并不大,但置身其中,四面临风,所谓宽舒者,非身宽,乃心宽也!抬头观望,园中四季花木,此谢彼荣,绿叶红花,天真烂漫。在花团锦簇之中,有一两层殿阁式建筑,这就是这个院落中的主体建筑——枫江楼。

枫江楼面阔三间,坐西朝东,结构精巧,卓然屹立,东面门楣上有谢孝思题写的"枫江第一楼"匾额。现在的枫江楼本是苏州城内修仙巷宋恒之、宋显之兄弟家祖传的"花篮楼"。1954年，谢孝思领导修整寒山寺时，有感于旧枫江楼早已毁于兵燹，其地空旷不雅，正犯难时，有人推荐宋氏兄弟的花篮楼，宋氏兄弟闻知后，乐善好施，将自家的花篮楼捐献给佛门。于是谢孝思等人将花篮楼完整地拆迁、搬运，建好的新楼不大不小，与周围环境相得益彰。楼内外修葺一新，中堂有史可法的"斗酒纵观廿一史，炉香静对十三经"竹刻楹联等。现在，古色古香的枫江楼是寒山寺接待中外宾客品茗、休息的主要场所。

宋代诗人赵抃诗云："可惜湖山天下好，十分风景属僧家。"又有俗语"天下名山僧占多"。自古以来佛寺所选之地多在风光旖旎处，得山水之胜，有园林之趣。佛寺之建筑，不仅仅是供奉佛像、居住僧人的场所，也是僧众诵经拜佛的场所，更在僧徒养生奉佛的同时，起修心弘法的作用。因此佛寺建筑不只追求殿宇的庄严肃穆，层层深入，还非常注意营造清净无尘、息心凝神的氛围，于是产生了独特的寺院园林之美。寒山寺占地20余亩，在这方寸之间，"林木扶疏，以禅房而兼野趣"。在游览了天王殿、大雄宝殿之后，转到桃源般的枫江楼，品香茗、观游鱼、听钟声，物我两忘，或许能对世事多一分感悟吧！

寒拾殿与藏经楼

寒拾殿是寒山寺里比较有特色的建筑，位于藏经楼内。一走进寒拾殿，可见正厅有一副楹联，"座上有寒山拾得，仍是钟声敲佛地；庭中无杂垢嚣氛，何须月影锁禅门"，堂上高悬着"寒山拾得"的金字匾额。匾额前一对金身塑像，咸丰兵燹后，像与寺俱亡，之后也没有新塑，现在我们看到的塑像是1979年从西园寺请来的。一对塑像皆袒胸赤足，身材矮胖，童颜留发，寒山右手持荷枝，左手握丝绦，拾得双手擎净瓶，与寒山作嬉戏状。塑像造型精准传神，有跃动之美，给人以欢乐亲切之感。寒山与拾得皆喜吟诗唱偈，寒山有《寒山子诗集》存世，诗风朴素自然，通俗易懂，有"家有寒山诗，胜汝看经卷"之说，后人又收集拾得的诗附于其后。

在寒山、拾得的塑像背后是一座千手千眼观音菩萨石刻，上有清代乾隆年间（1736～1795年）苏州状元石韫玉的篆书"现千手眼"。在寒拾殿内左右壁嵌有南宋书法家张即之所书《金刚般若波罗蜜经》，共二十七石。这部《金刚经》是他为追荐亡父而书，苍劲古拙，透出英武刚烈之气。后面还有董其昌、毕懋康、林则徐、俞樾等人的题跋共十一石，神采纷呈，各有千秋。

藏经楼内所藏藏经，属于清版藏经，通称《龙藏》，刻印于乾隆三年，属梵策式，共计7173册，保存完整。在藏经楼中，还珍藏有《房山石经》、《大正新修大藏经》、《中华大藏经》、《乾隆大藏经》、《永乐北藏》等著名经籍。

小知识◎百炼成钢

  这里包含着一个宗教传说，有一次一名僧人和一名道士起了纷争，较量看谁的经典耐得住火烧。佛徒于是将《金刚经》放入铜鼎火中，尽管烈火熊熊，经书却安然无损。为了颂赞这段往事，佛徒就在鼎上刻此四字以资纪念。初用于称赞僧侣道行高深，后也用于说一般人的技艺高超。

◎《金刚经》

《金刚般若波罗蜜经》经题中,金刚有三重意义:坚常、明净、快利。佛教中所言"金刚"指能坏一切而不为一切所坏。般若,汉译为慧,通俗地说是指通达真理的最高智慧。"波罗蜜"译为"到彼岸",也译为"度","凡可由之而出生死到菩提的,都可以称为波罗蜜"。"经",本义是线,意指贯串佛所说的法和道理,以免散失。《金刚般若波罗蜜经》简称《金刚经》,禅宗六祖慧能,听了本经中的"应无所住而生其心"后,顿时开悟,僧众常把它当做祈福消灾、超度亡灵等的法宝,相信只要持诵此经,就会有灵验。

妙利普明宝塔

寒山寺立寺之初,就有"妙利普明塔",后来宝塔毁于战火,北宋时得以重建,不幸元末又毁,在这之后600多年来寒山寺一直无塔,所以建塔就成为了寺僧们的心愿。如今的宝塔是历经三年于1995年建成的,1996年10月30日举行隆重的开光典礼。登上宝塔,东可望苏州古城,南可看苏州新区和大运河,北面可见虎丘山,西面可望狮子林,吴中美景几乎尽收眼底。塔院四周建有回廊,廊间可观赏古代名人书写的《枫桥夜泊》诗碑。

普明塔院在寒山寺的最东部,从藏经楼南北侧通道东行即可到达,占地约3000平方米,近似南北狭长的梯形。普明宝塔在藏经楼后偏北位置,与大雄宝殿遥相呼应。宝塔台座四角的草坪上,有日本友人赠送的石灯笼,状如小塔。

寒山寺妙利普明塔
郁郁葱葱的寒山寺,格外静谧

塔院南墙东西两隅，各建两层角楼一座，均为仿唐式样。塔院四周以回廊环绕，回廊内壁布满碑刻，风格各异，令人应接不暇。整个塔院，厅、堂、楼、塔布局紧凑，疏朗有致，统一为仿唐风格。从山门到藏经楼，一路明清风貌过来，蓦然看到大唐风范，油然生出思古之幽情。普明宝塔是"一寺标帜"，是塔院的主体建筑，是寒山寺的最高点。

　　普明塔院门厅内立汉白玉石碑一座，正面是性空方丈手书"普明塔院"四个镏金大字，结体大方，略带飞白笔意，增加流动的美感。背面则是苏州书画名家谭以文隶笔恭书的《寒山寺重建普明宝塔暨塔院碑记》，撰文是雷应行教授，碑记完整地记述了普明宝塔的历史、兴衰、重建。骈散相间，极富感染力。转过石碑，前边高高耸立的就是普明宝塔了。普明宝塔由台座、塔身、塔刹三部分组成，宝塔台座为花岗石材料，高2.1米，宽16米，台座四角各有一梯形方台，上卧铜镇狮，神态威严，守护宝塔。塔身高30米，"木构方体，敦厚庄重，层阁复叠，耸然翚飞"。塔身和台座有拱桥相连，设计精巧，造型优美。宝塔东、西、南、北各一门，门楣上高悬"普明宝塔"匾额，分别为赵朴初、谢孝思、费新我、沈鹏题书。宝塔飞檐斗拱，雄大疏朗，再现了唐代庄重华丽的建筑风格。塔刹高9.6米，相轮直径2.4米，由覆钵、仰莲、相轮、华盖、三花蕉叶、宝珠、刹链、风铎等组成，重约12吨，黄铜铸就，外贴金箔，日光映照，光华夺目。塔内有楼梯可上下通达，游人拾级而上，每层塔身有护栏回护。塔檐下悬风铃，阵风吹过，铃声悦耳。登至顶楼，凭栏远眺，远山近水，山村城郭，足以启诗兴也。

　　普明宝塔的重建，不仅使寒山寺恢复了古刹的旧有风规，结束了600年有寺无塔的历史，也圆了寒山寺僧众的一个梦；普明宝塔的建成，还使我国绝迹多年的木构唐塔再现中华大地。

寒山寺法堂

寒山寺法堂面阔五间，堂前6根红色楹柱，屋顶为单檐歇山式，正中饰宝珠一颗，两端吞脊兽鸱尾相向内曲。法堂出檐甚大，具有典型的唐代佛殿建筑风格。

法堂中设法座，也称狮子座，是一上置座椅的高台，供宣讲佛法之用。法座后面挂有象征释迦牟尼说法传道的画像，前面设有讲台，台上供小佛坐像，象征听法诸佛。台下设香案，两侧列置听法席。法堂还设有钟、鼓，钟在左，鼓在右，法师上堂说法时要鸣钟击鼓。目前寒山寺的法堂和佛教图书馆同设一处，法堂内陈列着佛教图书馆的部分佛经书刊，信众、游客可以自由查阅。如果想认真阅读，在法堂内还有桌椅，方便读者使用。在法堂中部的书案上，陈列着《观音普门品》、《阿弥陀佛的说明》、《佛教常识选编》、《因果报应实证》、《妙法莲华经——茗山法师讲录》等弘法读物，供信众、游客广结法缘。

法堂的前面有一露台，露台中央有一尊九龙五凤鼎，是金石书画大师朱复戡先生的晚年杰作。此鼎造型古朴，含意深远：座高19厘米，鼎高97厘米，口径宽71厘米，象征1997年7月1日香港回归祖国，周身雕饰九龙五凤，寓九州龙腾、五凤呈祥之意，且九龙与香港之九龙暗合，可见设计之精思熟虑。

钟楼夜半传磬音

在藏经楼南侧，有一座六角形重檐亭阁，这就是以"夜半钟声"闻名遐迩的钟楼。寒山寺钟楼是一座以除夕钟声闻名的六角形重檐厅

钟楼
江苏省苏州市，寒山寺钟楼

阁式建筑，正门两侧墙上挂有"钟声明慧眼，月色照禅心"对联，与钟楼旁一巨石上刻的性空大和尚手书的《听钟石》形成呼应，点明了寒山钟声启迪人心、开明人智的神韵所在。钟楼底楼中央立有清宣统年间（1909～1911年）江苏巡抚程德全所撰写的《重修寒山寺记》碑。二楼正中悬挂着一口重约2吨的铁铸大钟，这就是著名的除夕听钟声活动中所撞的那口钟，它是由清光绪年间（1874～1882年）的江苏巡抚陈夔龙督造的。大钟有一人多高，由于铸造时加了钨，因此撞击后其余音尤长，可达120秒之久。钟下还安放着地藏王菩萨的坐像一尊。

钟声远扬！寒山寺的钟确实非同凡响。

张继枫桥舟中所听到的那口唐钟，可惜早已不见踪影。康有为认为"唐人钟，已为日人取去"，这是一个流行广久的说法。或许是出于对千年古寺的景仰，或许是真的有灵验，每年都有大批的游客和信众来到寒山寺，登上钟楼亲手敲响寒山古钟，伴着清扬的钟声，许下心愿，祈求幸福。

中国佛教协会赵朴初会长游寒山寺时，在大雄宝殿题楹联一副：

千余年，佛土庄严，姑苏城外寒山寺；
百八杵，人心警悟，阎浮夜半海潮音。

上联讲寒山寺1400多年悠久的历史。下联的"百八杵"借指寒山寺的钟声；"阎浮"本是树名，引申为我们现在所住的娑婆世界；"海潮音"，佛讲经说法或僧众诵法的声音，好像海潮之声，响亮无尽。赵朴初、性空法师的话语，生动完整地阐发了寒山寺钟声的深刻含义。

小知识◎南船北马

我国古代的交通运输方式是南方以船为主,北方以马为主。其原因是南方气候湿润,降水丰富,地表河网密布,因此为适应"水乡"的船舶运输便应运而生;而北方多干旱、半干旱气候,草场广布,畜牧业发达,马匹除了提供乳肉产品外,又以其耐力好、速度快而被北方人民驯化为代步工具,成为北方大地的交通工具。

◎千手千眼观音

千手千眼观音又称千眼千臂观音,简称"千手观音",是密宗的六观音之一。观世音在过去"无量亿劫",听千光王静住如来说《广大十圆满无碍大悲心陀罗尼经》,即发誓要利益安乐一切众生,于是身上长出千手千眼。石刻中的观世音菩萨,或合十,或托举,或持斧、塔等各色法物,身后的光环更幻化出无数只手,每只手心中都有一法眼。在佛教中,手代表救度众生的方便,而眼睛代表照破烦恼的智慧,千手千眼真是妙用无穷,神通不可思议。

◎禅宗与法堂

在禅宗兴起之后很长一段时间,禅宗一直没有属于自己派系的寺院，为了习禅的方便，禅宗子弟往往远居深山僻野，有时也寄居到律宗的寺庙中，到马祖道一时，由于禅宗的日益壮大，才率领子弟开山建寺。但百丈怀海在《百丈清规》中主张不立佛殿，唯树法堂。受此影响，禅宗寺庙中是没有佛殿的，而以法堂为主。其他宗派称之为"讲堂"，禅宗称演说大法之堂为法堂。后来，随着佛教寺院建筑的日渐趋同，禅宗才又恢复了佛殿，法堂成为佛寺中仅次于大殿的建筑。

◎钟与佛教

钟在中国古代原是乐器的一种，在祭祀、朝会时不可或缺。印度的佛教法器中很早也有钟，我们称之为梵式钟。但印度的梵式钟在随印度佛教传入中国后，与中国传统的礼乐钟相融合，发生了许多变化，形成了独具特色的中国寺院钟。我国寺院的钟，一般有大钟、殿钟和僧堂钟三种。晓击即破长夜，警睡眠；暮击则觉昏衢，疏冥昧。在寺庙做佛事、丛林集众时，都得用钟。

◎中轴线与古典中国建筑

传统的中国建筑特别讲求风水和五行调和，其中多数建筑都遵循着一条中轴线原理。建筑群往往呈对称布局，之间有一个明显的中轴线。在古代中国人的民族意识中，"中"往往蕴含着独特的空间象征意义。中国人相信自己处在世界之"中",这种意识在民族的社会文化心理中,逐渐与尊贵、正义、神圣、权威相通,具有丰富的文化象征意义。

在这种空间观念下,早在三国时期(220~280年),中国城市规划中就出现了中轴线的设计。元代(1206~1368年)修建新的大都(北京)城时,刻意设计了以中轴线为中心的城市空间布局。主要建筑或耸立在轴线上,或严格对称地布置在中轴线周围,主从有序,体现了古代王权的至尊、神圣,以及这种权威下社会结构的严谨。

但是我们来到寒山寺,会发觉寒山寺的建筑布局没有严格的中轴线。其实,从近千年前的《平江图》上我们就可以看出,当时的寺院布局并不追求左右均衡,今天的寒山寺继承了这种布局格式,照墙和山门基本是一线相承,后边的大雄宝殿、藏经楼,并不在一条中轴线上,新建的普明塔院则按南北向中轴线布局,寺中处处皆院,错落相通,给游人以曲径通幽、迂婉回还之感。

◎塔与佛教

塔起源于印度,汉译为"堵坡",也称浮图、浮屠、圆冢等。汉字中本来没有"塔"这个字,是晋宋译经中新造的字,它来源于梵文"stūpa",即"塔婆",梵语塔婆,今略称塔。

它的起源和佛祖释迦牟尼有关,相传佛祖释迦牟尼涅槃后,化身荼毗,生成许多击之不碎、色彩晶莹的"舍利子",他的弟子们于是造坟来供奉这些珍贵的"舍利子"。这个坟就是最早的佛塔。

我国的佛塔,风格多样,种类繁多,主要有楼阁形塔、墓塔、密檐塔、喇嘛塔、金刚宝座塔等几种类型。寒山寺初名妙利普明塔院,所谓塔院,多为祖师塔,故寒山寺之建,最初当系普明祖师之骨塔也。一般祖师塔在其墓上用砖砌或石雕一个类似佛塔的建筑物,在其旁建筑简易僧舍,最早的寒山寺(妙利普明塔院)大概就是这样子。

◎晨钟暮鼓

钟和鼓都是寺庙中常见的器具,有"晨钟暮鼓"之说,意谓早晨敲钟,傍晚敲鼓。

钟是丛林中的主要呗器,因其声音洪大,故名洪钟。钟在我国古已有之,它在佛寺中主要作为修行起居的讯号和佛事庆典的法乐。除了迎接佛门高僧、举行重大法会外,每天只是早晚各撞一次,每次一百零八下。钟头在撞大钟前,必须先默诵钟偈,再边撞洪钟,边吟宝偈,使洪钟起到警世醒人、祛除烦恼的作用。

鼓是丛林中与钟相提并论的主要呗器。《楞严经》云:"阿难,汝更听此祇陀园中,食办击鼓,众集撞钟,钟鼓音声,前后相续云。"直到现代,"晨钟暮鼓"仍然是寺庙的一大特征。鼓的做法,通常是以木为壳,用牛、猪、羊皮作面,形如矮桶。鼓的种类,有法鼓、大鼓、茶鼓、手鼓等。

◎寒山、拾得与《忍耐歌》

寒山、拾得笑呵呵,我劝世人要像我。

忍一句。祸根从此无生处。

饶一着。切莫与人争强弱。

耐一时。火坑变作白莲池。

退一步。便是人间修行路。

任他嗔,任他怒,只管宽心大着肚。

终日被人欺,神明天地知。若还存心忍,步步得便宜。

世人欺我害我打我骂我骗我。如何处之。

禅师答曰:

只管任他,凭他远他莫要理他,再过几年看他。

身穿破衲袄,淡饭随时饱。涕唾在脸上,不弃自干了。

有人来骂我,我也只说好。有人来打我,我自先睡倒。

他也省气力,我也无烦恼。这个波罗蜜,就是无价宝。

能依这忍字,一生过到老。

听天由命。

听听听。堂前父母须当敬。兄弟同胞要一心。枕边谗言休要听。

天天天。天意与人无两般。为人莫做亏心事。举头三尺有青天。

由由由。也有欢喜也有愁。世间苦乐不均事。万物从天不自由。

命命命。五行八字皆前定。切莫算计他人有。富贵贫穷都是命。

安分守己。

安安安。夜间一宿日三餐。非干己事休招惹。身得安时梦也安。

分分分。今生衣禄前生定。休将巧计害他人。儿孙自有儿孙福。

守守守。命理有时终须有。莫恨贫苦怨爹娘。儿孙兄弟常相守。

己己己。别人闲事不要理。休言长短去笑人。何不将心谅自己。

《寒山拾得图》

此图画唐贞观年间高僧寒山与拾得二人，寒山亦称寒山子

4. 精时一片当时事，只欠清香不欠花
——有关寒山寺的传说

寒山寺与和合二仙

相传唐太宗贞观年间（627～649年）有两个年轻人，一名寒山，一名拾得，他们从小就是一对非常要好的朋友。长大后，寒山的父母为他与家住青山湾的一位姑娘定了亲。然而，姑娘却早已与拾得互生爱意。

一个偶然的机会，寒山终于知道了事情的真相，心里顿时像打翻了五味瓶，酸、苦、辣、咸、涩，唯独没有一丝甜味。他左右为难，怎么办呢？经过几天几夜痛苦思考，寒山终于想通了，他决定成全拾得的婚事，自己则毅然离开家乡，独自去苏州出家修行了。

很长时间过去了，拾得都没有看见过寒山，心里感到十分奇怪，因为这是从来没发生过的。一天，他忍不住心头的思念，便信步来到寒山的家中，只见门上插有一封留给他的书信，拆开一看，原来是寒山劝他及早与姑娘结婚成家，并衷心祝福他俩美满幸福。拾得这才恍

寒山像

14世纪绢画卷轴,仙人寒山。他是四睡仙之一,经常怀抱一个卷轴。他时常向他的好友拾得讲述卷轴的内容,不过因为表达不清,听起来像是在胡言乱语

然大悟,知道了寒山出走的原委,心中很难受。深感对不起寒山,他思前想后,决定离开姑娘,动身前往苏州寻觅寒山,皈依佛门。时值夏天,在前往苏州的途中,拾得看到路旁池塘里盛开着一片红艳艳的美丽绝顶的荷花,便一扫多日来心中的烦闷,顿觉心旷神怡,就顺手采摘了一枝带在身边,以图吉利。

经过千山万水,长途跋涉,拾得终于在苏州城外找到了他日思夜想的好朋友寒山,而手中的那枝荷花依然那样鲜艳芬芳,光彩夺目。寒山见拾得到来,心里高兴极了,急忙用双手捧着盛有素斋的篦盒,迎接拾得,俩人会心地相视而笑。现在寒山寺存有一方碑石,上刻"和合二仙"图案,就是这两位好朋友久别重逢时的情景。过去苏州民俗中婚嫁用的人物图画挂轴,以及江南许多地方春节时贴在大门上的门神,内容都是两个人,一个手捧竹篦盒,一个手持荷花,笑容可掬,逗人喜爱的模样,据说也源于这个美好的传说。

传说拾得后来还远渡重洋,来到一衣带水的东邻日本传道,在日本建立了"拾得寺"。两人的问答名句在佛教界和民间广为流传,影响甚广,寒山问拾得:"世间有谤我,欺我,辱我,笑我,轻我,贱我,

恶我，骗我，如何处治乎？"拾得曰："只是忍他，让他，由他，避他，敬他，不要理他，过十年后，你且看他！"

寒山寺的诗碑石刻

寒山寺的碑刻素来闻名，而其中最著名的当首推《枫桥夜泊》诗碑了。自古至今，寺中《枫桥夜泊》诗碑到底有几块呢？答案是：一诗七碑。

北宋翰林学士珣国公王珪书张继《枫桥夜泊》诗石刻，为张继诗第一石，可惜此碑早年失传。为恢复历史遗迹，弘扬民族文化，在海峡两岸有关人士的努力下，于1996年用王珪字迹集成的张继诗第一石又重立于普明塔旁。

第二块碑是明代四大才子之一，诗、书、画"三绝"的巨匠文徵明所写，因寺失火，已成残碑，遂剩下不到十字，但笔迹流畅秀劲。先展示于碑廊墙内，至明代重修寒山寺时，文徵明为寒山寺重写了《枫桥夜泊》诗，刻于石上，这是第二块《枫桥夜泊》诗碑。此后，寒山寺又数遇大火，文徵明手书的诗碑字迹亦漫漶，淹没于荒草瓦砾之间，现在嵌于寒山寺碑廊壁间的文徵明所书残碑，仅存"霜、啼、姑、苏"等数字而已。

第三块碑保存完好，为清代俞樾所书，其拓片流传甚广，极为公众称颂，陈列在碑廊。清末光绪三十二年（1906年），江苏巡抚陈夔龙重修寒山寺时，有感于沧桑变迁，古碑不存，便请俞樾手书了这第三块《枫桥夜泊》石碑。其时，俞樾虽已86岁高龄，仍以其饱满的情怀、稳重的章法、浑圆的笔意，挥洒淋漓，一气呵成。俞樾作书后数十天，便倏然长逝了。

第四块为民国年间的国史馆馆长、与张继同名同姓的河北沧州人张继所书。现代张继书古代张继诗，由刻碑名手黄怀觉刻石，立于寒山寺内，一时传为佳话。可惜他在书写《枫桥夜泊》的第二天，便与世长辞了；而他书写的这块诗碑，现仍存于寒山寺内。

第五块碑在寒山别院松茂亭内，为李大钊先生所书。

第六块碑立在碑廊墙内，为当代书画家刘海粟86岁时耗时5个小时所写。

第七块碑是1998年新竖在"枫桥诗碑廊"内的，由革命前辈陈云所书。

碑廊里还陈列着明唐寅的《化钟疏》碑、民族英雄岳飞的"还我河山"等题词。

寒山寺与日本

寒山寺的影响早已远及海内外，尤其是日本。日本也有寒山寺，《枫桥夜泊》早已入选日本小学课本。民间传说，拾得和尚乘着寒山寺里的一口钟，漂洋过海到过日本一个名叫萨堤的地方，传播佛学和中国文化。寒山寺也由此在日本家喻户晓，人尽皆知。

相传张继诗中所提及的钟，历经沧桑，在明末流入日本。清末，日本的山田寒山先生四处探寻那口钟的下落，欲归还中国，但终无下落，便募捐集资。在日本明治三十八年，也就是1906年，由小林成等一批工匠精心铸成一对青铜钟，一口留在日本观山寺，一口送来苏州寒山寺，这也成为中日民间文化交流中的一段佳话。寒山寺的钟声不但有悠久的文化历史内涵，还有神奇的功能，这功能用12字可以概括：闻钟声，烦恼清，智慧长，菩提生。自1979年除夕夜，苏州举办首届

寒山寺的大钟
20世纪30年代，苏州寒山寺大钟

除夕寒山寺听钟声活动以来，已连续举办了数十届。数十个除夕，数以万计的海内外友人来寒山寺聆听新年钟声。

1979年除夕，举行的第一届寒山寺除夕听钟声活动，参加的日本人有120人，这在当时是一件了不起的大事。除夕听钟声活动是寒山寺的一个创举，为中日友好交往和苏州市旅游事业的发展，创造了一种崭新的模式，带来了一系列的积极变化。此后，听钟声活动年年举行，来寒山寺的日本听钟客逐年增多。如今来参加除夕听钟声活动的中外宾客有数万人，其中日本游客达6000人。伴随着寒山寺吉祥的钟声，日本客人欢快地唱起他们自己创作的歌："古钟敲，驱烦恼，寒山寺，度良宵。钟声祝君新年好，年年相逢在枫桥。"随着听钟声活动影响的不断扩大，有越来越多国家的游客也来华聆听新年钟声，也有许多寺院如寒山寺一样敲响了新年祝福的钟声。

听钟石
钟声是寒山寺文化底蕴的最核心所在

张继与寒山寺

中秋时令,月上柳梢头,诗人都有悲秋情结,更何况张继还是一个"落魄江湖载酒行"的失意青年。一阵凉风袭来,一种莫名的愁绪涌向心头。他在想,若命运眷顾,状元及第,又会是怎样一番情景?

枫江上游有枫桥。小船行至枫桥下,船夫说:"公子,夜已深,该休息了。"

是啊,夜已深,该休息了。船夫钻进船舱里,不一会儿就进入了梦乡,还发出轻微的鼾声。

姑苏枫桥

江苏省苏州市枫桥草船

寒山寺诗碑
总高 15.855 米，正面刻有唐张继《枫桥夜泊》的诗碑被上海吉尼斯总部认定为世界上最大的诗碑

然而，张继又怎么睡得着呢。今夜，对张继而言，注定是一个失眠夜。

现在整个世界就剩下张继一个人了，天地万物都已经入睡，连江边枫树的叶子也消融在寂寥的夜色里，不见了轮廓——连枫树都睡了，枫江水也停止了流淌，枫桥下的乌篷船泊在水中一动也不动，它也睡了。只有张继一个人醒着，夜越深，越清醒，陪伴他的只有一盏永远也不需要睡眠的孤灯。

无边无际的夜，无边无际的寂静，无边无际的悲伤，无边无际的孤独。现在应该是什么时候了呢？月亮已经西斜，老鸦哀啼，寒冷凄凉，想这一阵一阵的寒意，天地间已是霜华满天了吧。

前方星星点点的灯光是什么呢？渔火吧。夜深寂杳，何来渔火闪烁？难道船上住着一个和我一样无法入睡的游子？唉，同是天涯沦落人，相逢何必曾相识。远方的朋友，我敬你一杯酒吧，祝你来日一帆风顺，美梦成真。

已经三更半夜了，这时候不远处的一座寺庙里忽而钟磬鼓鸣，这突兀而起的钟声划破寂静的夜空，直抵张继心灵深处最柔软的一隅，这在和尚们看来再也普通不过的钟声传到张继的耳朵里就成了天籁之音、灵魂之音。那一瞬间，仿佛整个世界都被这奇特壮观的钟声占据了，这钟声又仿佛只为他一个人而敲，因为只有他一个人在深夜里，伫立在船头。

这座寺庙叫做寒山寺，张继被寒山寺的钟声震撼了，还能说什么呢？只能用诗来表达此时此刻的心情了，于是他情不自禁地吟道：

月落乌啼霜满天，
江枫渔火对愁眠。
姑苏城外寒山寺，
夜半钟声到客船。

图书在版编目（CIP）数据

吴地梵音：苏州三寺 / 顾鹏程著. — 郑州：中州古籍出版社，2014.5
（华夏文库）
ISBN 978-7-5348-4656-4

Ⅰ. ①吴… Ⅱ. ①顾… Ⅲ. ①寺庙 – 介绍 – 苏州市 Ⅳ. ①K928.75

中国版本图书馆CIP数据核字（2014）第004685号

华夏文库·佛教书系
吴地梵音：苏州三寺

总 策 划	耿相新　郭孟良
责任编辑	贾保倩
封面设计	新海岸设计中心
版式设计	曾晶晶
美术编辑	曾晶晶
责任印制	刘新毅
项目统筹	单占生　萧　红（执行）

出　　版	中州古籍出版社
	地址：河南省郑州市经五路66号
	邮编：450002
	电话：0371-65788693
经　　销	新华书店
印　　刷	河南新华印刷集团有限公司
版　　次	2014年5月第1版
印　　次	2014年5月第1次印刷
开　　本	960毫米×640毫米　1 / 16
印　　张	8.5印张
字　　数	58千字
印　　数	1—3000册
定　　价	22.00元

本书如有印装质量问题，由承印厂负责调换

华夏文库·佛教书系
近期出版书目

寺塔灵秀：江南名寺
秀甲天下：峨眉山
清凉世界：五台山
吴地梵音：苏州三寺
芙蓉出九峰：九华山
海上梵呗：上海三寺
海天佛国：普陀山
西南佛光：西南十大名寺
雪域梵宫：布达拉宫和大昭寺
天上人间：敦煌艺术
洛都圣像：龙门石窟
人间佛国：大足石刻
妙相庄严：汉传佛教造像
空谷妙音：佛教与文学、乐舞、戏曲
禅茶一味：佛教与茶道
佛法初来：汉魏晋南北朝时期佛教
辉煌鼎盛：隋唐五代时期佛教
普天佛香：宋辽金元时期佛教
持盈守成：明清时期佛教
厄难中复兴：20世纪以来的中国佛教
法门万千：汉传佛教诸宗
中土佛音：汉传佛教经典的翻译与传播
丝路佛风：西域佛教史
弘法利生：南传佛教史
雪域梵音：藏传佛教史
格鲁派诸尊：宗喀巴及其弟子达赖、班禅系统
灵性的沟通：藏传佛教佛事活动
密秘法门：藏传佛教宗派
三教归一：佛教与道教、儒教
如来佛祖：释迦牟尼及其弟子
未来救赎：弥勒佛
白衣的智慧：弘法居士
智慧之光：文殊菩萨
赞叹大愿：地藏菩萨
天龙八部：护法神

华夏文库·佛教书系

悠悠1700年倏忽而逝,佛教像一枝清雅脱俗的兰花,在苏州这片沃土上生根、发芽、茁壮成长,灵岩寺、西园寺、寒山寺,悠然诉说着历史的沧桑。

上架建议:文化 宗教 社科
ISBN 978-7-5348-4656-4

定价:22.00元